Schönes Holzspielzeug selbst gebaut

Schritt für Schritt wird alles erklärt…

Schönes Holzspielzeug selbst gebaut

Schritt für Schritt wird alles erklärt...

CIRCUS

Kochen am Kinderherd aus Holz

Die schönsten Spiele für Kinder sind meist die, in denen sie den Großen nacheifern können. Dazu gehört beispielsweise das Kochen am Herd. Was in der echten Küche – leider – viel zu gefährlich ist, kann an unserem Kinderherd im Mini-Format mit Fantasie nachgespielt werden

Beginnen Sie mit den vier Stollen, die das Grundgerüst des Herdes bilden. Auf die beiden hinteren Stollen werden an zwei Seiten Halteleisten geleimt und genagelt, die dann als Auflage für die Rückwand und die Seitenwände dienen. Die hierzu verwendeten Sperrholzplatten werden an diese Halteleisten geschraubt und geleimt. Die Löcher für die kleinen Holzschrauben sollten Sie vorbohren, damit das Sperrholz so nahe am Rand nicht ausbricht.

Sind die hinteren Stollen mit der Rückwand verbunden, leimen Sie oben und unten je eine weitere Halteleiste an die Kanten der Sperrholzplatte, um diese zu stabilisieren. Im nächsten Schritt wird die Frontseite des Herdes zusammengebaut. Dies beginnt mit dem stumpfen Verleimen der vier Rahmenleisten, aus denen die Backofentür besteht. Anschließend schneiden Sie mit der Stichsäge die Acrylglasscheibe zurecht, die auf die Innenseite der Backofentür geschraubt werden soll. Die Schraublöcher unbedingt vorbohren und dann die Löcher leicht ansenken, damit die Schraubenköpfe nicht vorstehen. Ein Möbelgriff aus Holz wird außen an die Backofentür geschraubt.

Nun fügen Sie die Frontseite aus zwei Stollen, Halteleisten und Schalterblende sowie unterer Blende zusammen. Vier kleine Holzrädchen auf der Vorderseite der Schalterblende, mit Schrauben durch die Achslöcher befestigt, bilden die drehbaren Schalter. Auf der Rückseite wird ein kleines Klötzchen angeleimt, an dem Sie den Magneten des Verschlusses für die Backofentür befestigen können. Entsprechend wird das Metallplättchen des Magnetverschlusses innen am oberen Rand der Backofentür angeschraubt.

Arbeitsschritte

1 Hier sehen Sie die fertig zugeschnittenen Holzteile des Kinderherds sowie Schrauben, Nägel und Klavierband. Die runden Scheiben bilden später die Platten und Schaltknöpfe

2 Geben Sie an die Seiten der hinteren Stollen zunächst etwas Holzleim, und nageln Sie die quadratischen Halteleisten anschließend an

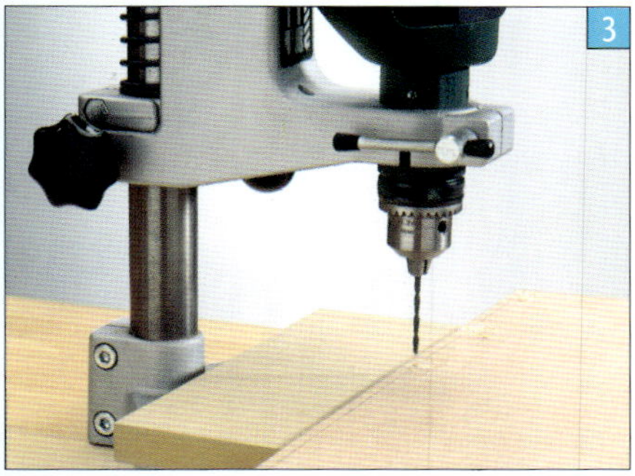

3 Die Löcher zum Anschrauben der Rückwand anzeichnen und dann sauber vorbohren. Dies geht am besten im Bohrständer mit einem untergelegten Stück Restholz

4 Wieder muss Leim aufgetragen werden. Dann wird die Rückwand mit den seitlichen Halteleisten verschraubt. Verwenden Sie hierzu den Akkuschrauber

Oben und unten leimen Sie weitere Halteleisten kantenbündig an die Innenseiten der Rückwand (5). Vier Leisten werden stumpf miteinander verleimt, um die Backofentür herzustellen (6)

Die Scheibe der Backofentür mit einem Kunststoffsägeblatt ausschneiden. Die Befestigungslöcher vorbohren und die Scheibe von innen anschrauben (7). Dann den Griff befestigen (8)

Mit Klavierband schlagen Sie die Tür an der unteren Blende der zusammengesetzten Herdfront an (9). Front und Rückteil durch Befestigen der Seitenwände miteinander verbinden (10)

Die Führungen für das Backblech entstehen aus je drei miteinander verleimten Leisten. (11). Für die Bohrungen in der Aufhängeleiste sollten Sie einen Forstnerbohrer benutzen (12)

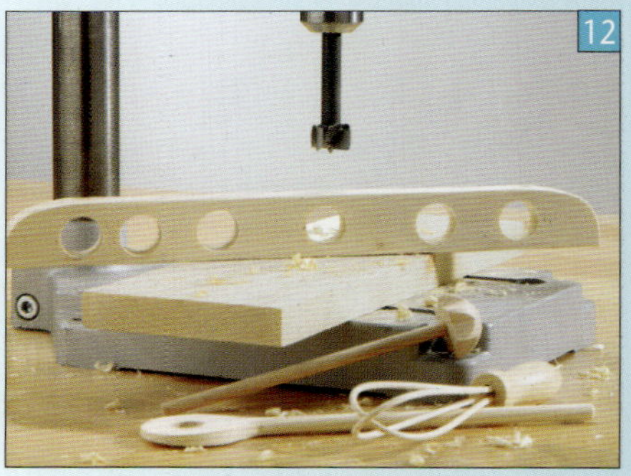

Jetzt können Sie die Backofentür mithilfe des Klavierbands an der unteren Blende anschlagen. Damit ist die Herdfront komplett und kann durch Anleimen der Seitenwände mit dem Rückteil verbunden werden. Auch die Seitenwände erhalten anschließend oben und unten eine quer aufgeleimte Halteleiste zum Stabilisieren der Konstruktion.

Damit keine aufwändigen Fräsarbeiten erforderlich sind, haben wir die Führungsschienen des Backblechs aus je drei unterschiedlich breiten Leisten so zusammengeleimt, dass eine 10 mm tiefe Nut entsteht. Die Führungen werden dann an die Innenseiten der Seitenwände geleimt und mit Schrauben fixiert, die man von außen durch das Sperrholz eindreht.

Den Boden des Herdes bildet eine Sperrholzplatte, die an ihren vier Ecken Aussparungen von 10 x 10 mm erhält. Um genau dieses Maß ragen nämlich die vier Stollen der Grundkonstruktion in den Innenraum. Es genügt, die Bodenplatte lose einzulegen. Das Backblech besteht aus einer Sperrholzplatte, die vorne mit einer Griffleiste versehen wird.

Der Mini-Herd erhält an der rechten Seite nun noch eine Aufhängeleiste mit Bohrungen für Kochutensilien, die Sie erwerben können. Größe und Abstand der Bohrungen richten sich nach den Maßen der Teile. Mit Raspel und Schleifpapier runden Sie die Leiste vorne und hinten sorgfältig ab, ehe sie mit zwei langen Holzschrauben an den Stollen der rechten Herdseite befestigt wird. Die Schraublöcher vorbohren und ansenken.

Zuletzt wird die Herdplatte zusammengesetzt. Die 18 mm dicke Tischlerplatte wird rundum mit einer auf Gehrung geschnittenen Leiste versehen, die nach oben mit einem Halbrundprofil übersteht. Die als Kochplatten dienenden Holzräder leimen Sie mit jeweils 80 mm Abstand der Achslöcher von den Kanten der Herdplatte auf. Zuletzt die Platte auf den Herdkorpus leimen und lackieren oder wachsen. Aber Achtung: Nur speichelfeste und ungiftige Produkte verwenden.

13 **Aus einer Tischlerplatte, vier Holzrädern und vier auf Gehrung geschnittenen Randleisten entsteht die Herdplatte**

Materialliste

Position	Anzahl	Bezeichnung	Maße in mm	Material
①	4	Stollen	400 lang	Kiefer, 30 x 30 mm
②	1	Herdplatte	320 x 320	Tischlerplatte, 19 mm
③	1	Schalterblende	240 x 60	Kiefer massiv,
④	1	Frontblende	240 x 55	14 mm
⑤	2	Rahmenbretter	238 x 45	
⑥	2	Rahmenbretter	140 x 35	
⑦	1	Trägerleiste	300 x 30	
⑧	4	Lauf-/Kippleisten	220 x 40	Kiefer, massiv
⑨	2	Führungsleisten	220 x 30	10 mm
⑩	1	Rückwand	350 x 240	Sperrholz,
⑪	2	Seitenwände	350 x 240	3 mm
⑫	1	Bodenplatte	280 x 270	
⑬	1	Backblech	250 x 218	
⑭	8	Trägerleisten	350 lang	Kiefer,
⑮	8	Trägerleisten	220 lang	10 x 10 mm

1 Acrylglasscheibe 2 mm dick, 200 x 170 mm; 1 Möbelgriff 85 mm; 4 Holzräder Ø 100 mm (Herdplatten); 4 Holzräder Ø 40 mm (Schalterblende); Profilleisten mit Halbrundkopf: 4 x 25 x 10 mm, Falz 20 x 5 mm (Herdplatten-Einfassung) und 1 x 10 x 10 mm, Falz 5 x 5 mm (Griffleiste Backblech); 1 Magnetschnäpper; 1 Trägerklötzchen 30 x 20 x 60 mm lang (für Magnetschnäpper); 1 Klavierband ca. 25 mm (geöffnet), 200 mm lang; Spanplatten-Schrauben; Nägel; Holzleim

Die Explosionszeichnung zeigt, aus welchen Einzelteilen der Kinderherd zusammengesetzt ist. Die Kochutensilien haben Sie im Haushalt oder kaufen sie dazu

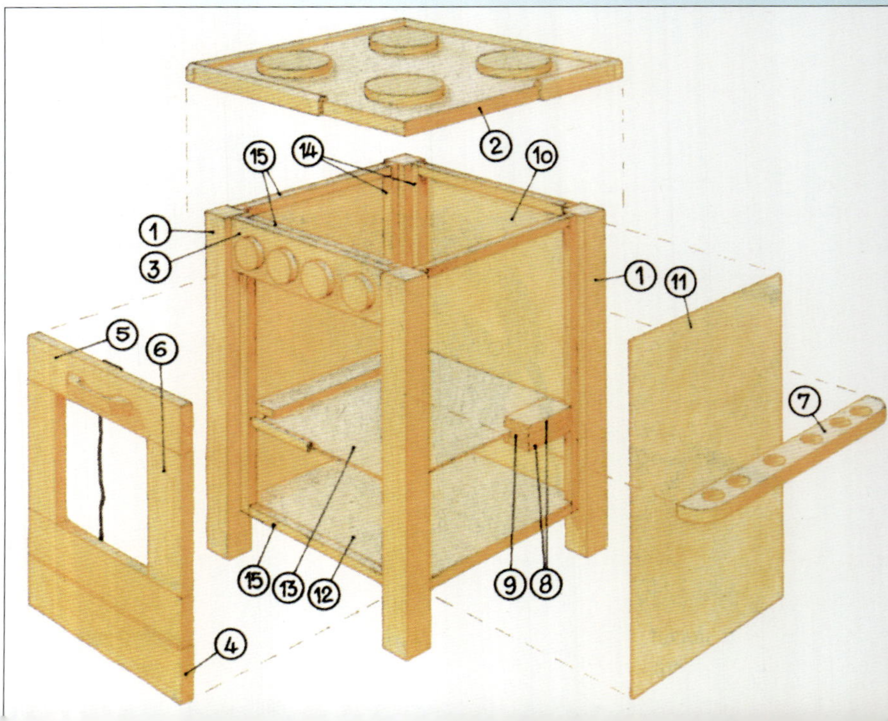

Graphics Originals
Limited editions Posters

Die Arche Noah und ihre Tiere

Kaum eine andere Erzählung der Bibel regt die kindliche Fantasie so an wie die des Noah, der auf seiner Arche mit all den Tieren vor der verheerenden Sintflut flieht

Beim Nachbauen des Schiffes und der prächtigen Tiere werden Sie mindestens ebenso viel Spaß haben wie später Ihre Kinder beim Spielen mit der Arche. Wenn Sie sich unsere Schritt-für-Schritt-Fotos und die Zeichnungen auf den Seiten 15–17 angesehen haben, werden Sie feststellen, dass der Rumpf des Schiffes wie auch das Haus sehr einfach konstruiert sind. Für die Tiere gibt es jeweils eine Umrisszeichnung, die Sie auf Originalgröße hochkopieren müssen, um sie dann

Arbeitsschritte

Die Rumpfwände mit der Oberfräse und einem V-Nut-fräser entlang der Schablone profilieren (1). Die zugeschnittenen Einzelteile werden an den Sägekanten gebrochen und geschliffen (2)

1

2

Den Schiffsrumpf aus den vorbereiteten Teilen zusammenfügen, und mit Holzdübeln die Leimverbindungen stabilisieren (3). Den Haus-Aufbau mit Leim und Dübeln auf der Deckfläche fixieren (4)

3

4

Anschließend kleben Sie das Satteldach auf. Die Ladeklappe verschließt den Frachtraum

5

aufs Holz durchpausen zu können. Die Proportionen entsprechen übrigens denen der Tiere vom Bauernhof, den wir auf den Seiten 20–27 vorstellen. Einige Tierfiguren, die bei der Arche benutzt werden, tauchen auch dort wieder auf.

Das Material

Bis auf die Diagonalstreben am Haus der Arche sind alle Tiere des Schiffes wie auch die große Tierschar aus 18 mm dickem Kiefernleimholz hergestellt. Am besten besorgen Sie sich 600 x 300 mm große Regalplatten, die preiswert sind und sich bequem transportieren lassen. Aus diesem Material können Sie alle benötigten Teile dann mit einer elektrischen Stichsäge problemlos herausschneiden. In der detaillierten Materialliste auf Seite 16 finden Sie die Zuschnittmaße aller für die Arche benötigten Teile.

Die Arbeitsschritte

Die Seitenwände des Rumpfes werden zunächst auf eine Platte im entsprechenden Rohmaß gezeichnet und mit der Oberfräse bearbeitet. Mit einem V-Nut-Fräser stellen Sie im Abstand von 25 mm

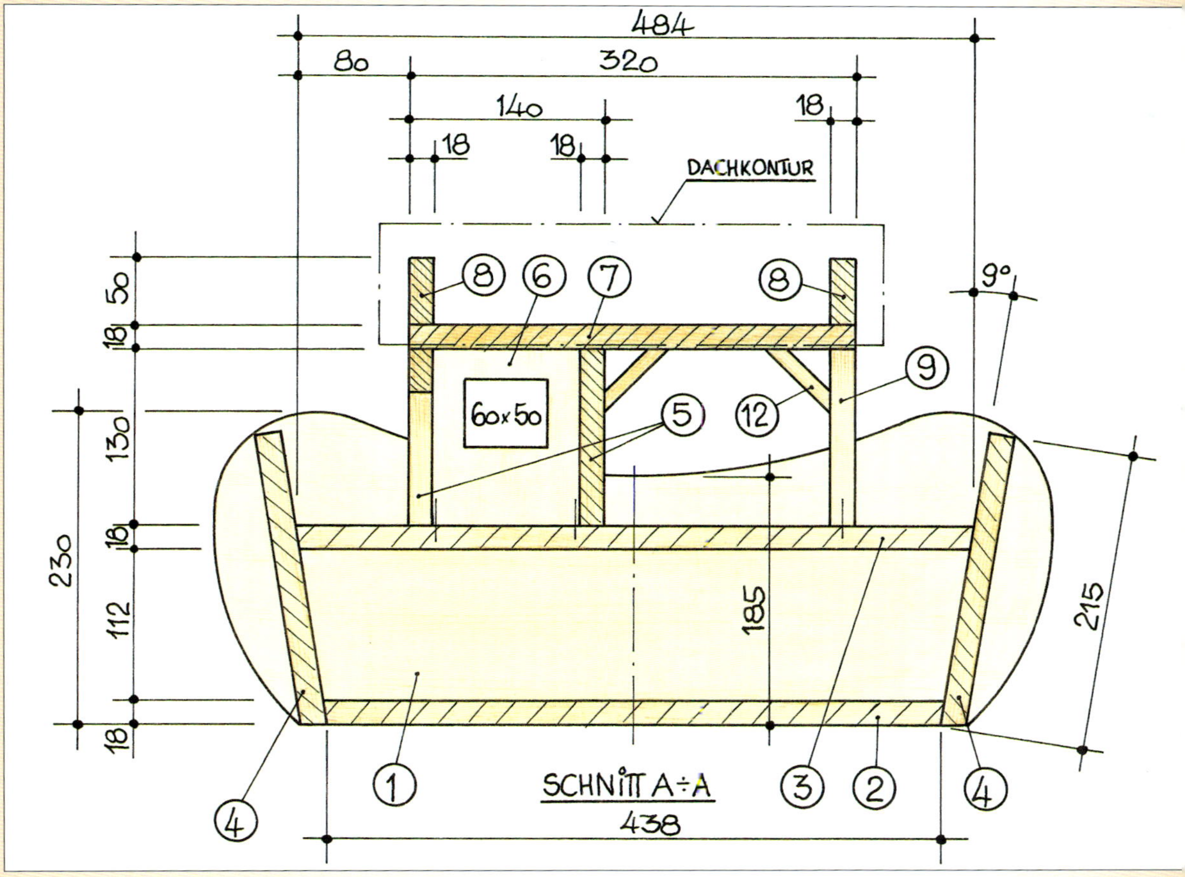

Materialliste

Position	Anzahl	Bezeichnung	Maße in mm	Material
①	2	Rumpfwände*)	600 x 230	Kiefernleimholz, 18 mm
②	1	Bodenplatte	444 x 200	
③	1	Zwischenboden	484 x 200	
④	2	Rumpfwände	215 x 200	
⑤	2	Stirnwände	130 x 64	
⑥	2	Seitenwände	130 x 140	
⑦	1	Zwischenboden	320 x 100	
⑧	2	Giebeldreiecke	100 x 50	
⑨	2	Ecksäulen	130 x 18	
⑩	1	Dachplatte	360 x 108	
⑪	1	Dachplatte	360 x 90	
⑫	4	Diagonalstreben	65 lang	Kiefer, 10 x 10 mm

*) = eine davon mit Klappe (160 mm breit)

2 Scharniere 30 x 30 mm (geöffnet); 1 Mini-Sturmhaken; Spanplatten-Schrauben; 6 Holzdübel Ø 6 x 20 mm; Holzleim

Der Deckaufbau von oben

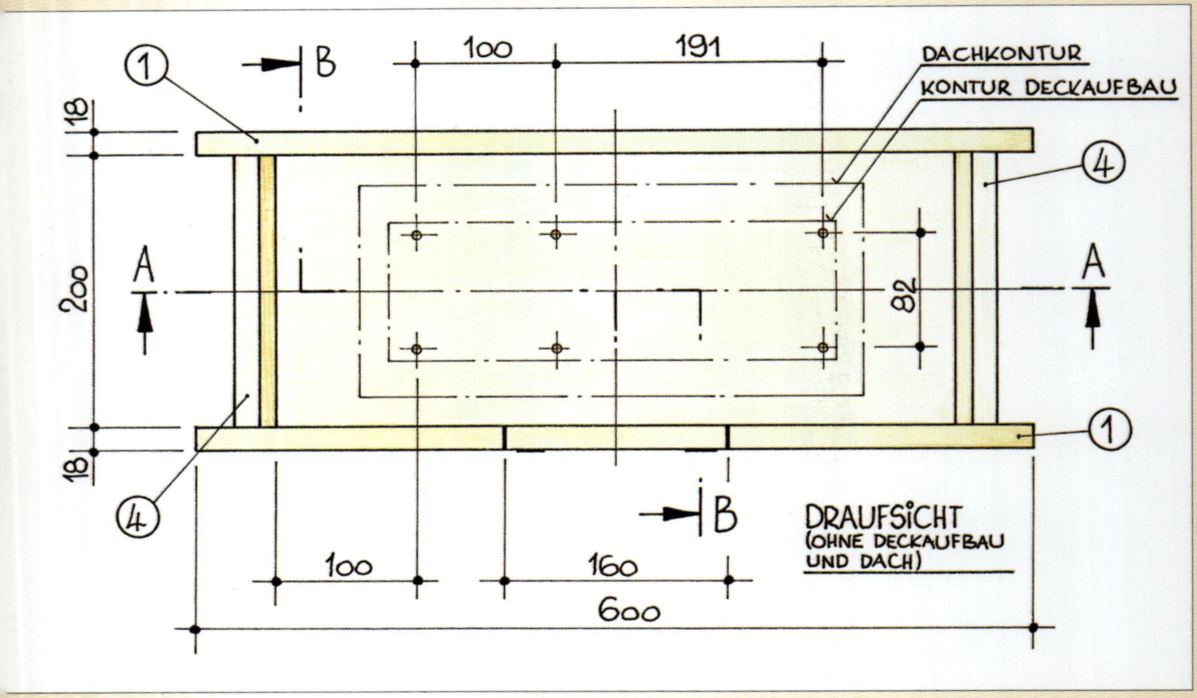

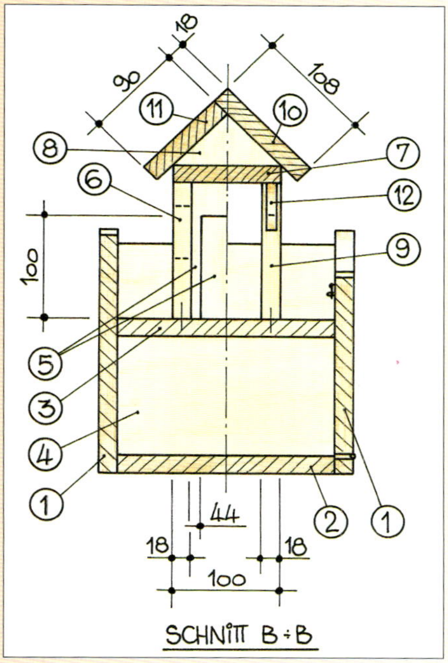

feine Einkerbungen her. Auf diese Weise entsteht der Eindruck einer Plankenkonstruktion. Benutzen Sie zur Führung der Oberfräse eine Sperrholzschablone, die entsprechend der Schiffsreling geschweift ist. Auch die rechteckigen Rumpfwände für Bug und Heck werden erst gefräst und anschließend aufs Endmaß zugeschnitten. Sind alle Teile des Rumpfes vorbereitet, müssen Sie an den Verbindungsflächen alle 150 bis 200 mm einen 6-mm-Holzdübel einsetzen. Dazu bohren Sie auf einer Seite die erforderlichen Sacklöcher. Dann stecken Sie Markierspitzen ein und übertragen damit die Position der Dübel auf die jeweiligen Gegenstücke. Schließlich werden auch dort die Sacklöcher zur Aufnahme der Dübel hergestellt.

Eine Rumpfseite der Arche erhält eine Klappe, die den Passagieren den Zugang zum Laderaum unter Deck ermöglicht. Sie wird mit zwei Scharnieren angeschlagen und im geschlossenen Zustand durch einen kleinen Sturmhaken gesichert. Zuletzt fügen Sie die Leimholzteile des hausförmigen Deckaufbaus zusammen. Die Arche ist fertig!

Bemalung der Tiere

Entscheidend für die Wirkung der Tiere auf dem Deck der Arche ist natürlich die Qualität der Bemalung. Um die auf den Einzelfotos erkennbaren Details genau nachbilden zu können, muss man mit Kaseinfarben arbeiten, die der Handel in vielen verschiedenen Tönen anbietet. Ein Klarlack-Überzug macht die Bemalung dann widerstandsfähig. Achten Sie darauf, dass Sie ausschließlich gesundheitlich unbedenkliche Farben und Lacke verwenden.

Auf der Arche dürfen die grauen Dickhäuter natürlich nicht fehlen. 150 mm hoch müssen die Figuren werden. Die Vögel dagegen messen nur etwa 30 mm

Je nach Bemalung wird aus dem ausgeschnittenen Bären ein Braun- oder ein Eisbär. Die Figuren müssen ca. 95 mm hoch sein. Die Igel sind etwa 20 mm hoch

Die Tiere der Arche Noah

Die Pferde erhalten vor allem durch dunkel abgesetzte Mähnen und Schweife Plastizität (1). Die 135 mm hohen Dromedare gehören auch zur Grundausstattung der Arche (2)

1

2

Als weiterer Vertreter des afrikanischen Kontinents dürfen sich auch zwei Nilpferde auf der Arche einschiffen. Diese sind 75 mm hoch (3). Hahn und Henne sind besonders farbenfroh (4)

3

4

Die Löwen messen vom Kopf bis zum Schwanz jeweils 145 mm (5). Die Schafe gehören wie Hahn und Henne eigentlich auf den Bauernhof (S. 20), dürfen aber auch auf der Arche mitreisen (6)

5

6

Auch wenn sie ihre gewaltigen Rachen drohend aufreißen, dürfen die beiden Krokodile mit auf die Reise gehen. Die furchteinflößenden Exemplare werden 225 mm lang

7

Kopieren Sie die unten gezeigten Umrisse auf die gewünschte Größe hoch, und übertragen Sie sie dann auf das Holz. Mithilfe der Stichsäge schneiden Sie die Tiere dann aus (oben). Für die anschließende Bemalung (rechts) dürfen nur ungiftige und speichelfeste Farben verwendet werden

Leben und Treiben auf dem Bauernhof

Auf einem Bauernhof gibt es für Kinder eine Menge zu erleben. Am interessantesten sind die vielen Tiere. Wir haben einige Tiere, ein Bauernhaus und einen zünftigen Traktor als Holzspielzeug nachgebaut

Das Bauernhaus

Im Mittelpunkt des Bauernhofs steht ein Fachwerkhaus mit nach einer Seite hin offenen Stallungen und einem Tor an der Giebelseite. Damit man Tiere und Traktor bequem ins Gebäude schaffen kann, lässt sich eine Dachhälfte hochklappen.

Gebaut ist das stabile Bauernhaus aus Kiefernleimholz. Eine 5 mm dicke Sperrholzplatte bildet das Gebäudefundament. Die 600 x 300 mm große Bodenplatte wird als Erstes zugeschnitten, dann die Längswand und die beiden Stirnwände. Eine Giebelseite erhält einen Ausschnitt zum Einlassen der beiden Torflügel. An der offenen Längsseite liegt das Dach auf einem Längsträger, der wiederum auf zwei Pfosten ruht. Sechs Diagonalstreben, stumpf gegen Längsträger und Pfosten bzw. Stirnwände geleimt, stabilisieren die Konstruktion der offenen Wand.

Um die Wände mit dem Längsträger und den Pfosten zu verbinden, bestreichen Sie die Stoßflächen mit Holzleim und pressen

Arbeitsschritte

1 Die drei festen Wände sowie die Längsträger und Pfosten der offenen Wand werden stumpf miteinander verleimt

2 Sind die beiden Dachhälften durch Scharniere verbunden, leimt man die nach hinten weisende Dachhälfte fest auf

3 Mit der stationär montierten Stichsäge lassen sich die Konturen der Tiere leicht aus dem Kiefernleimholz ausschneiden

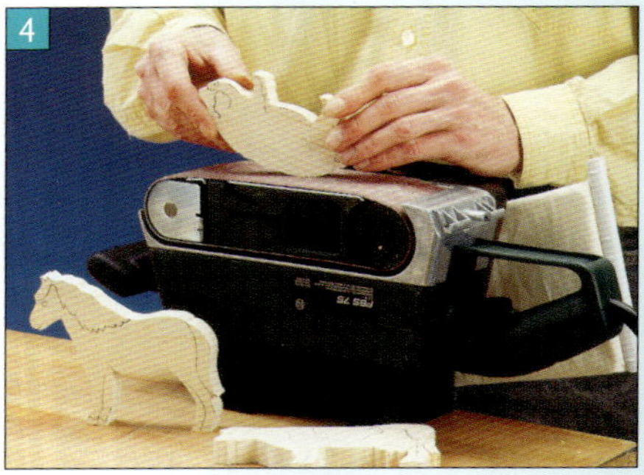
4 Der ebenfalls fest installierte Bandschleifer hilft beim Glätten der Sägekanten. Das feste Kiefernholz lässt sich gut schleifen

5 Um die Sacklöcher in die Zaunpfosten zu bohren, benutzen Sie am besten einen Bohrständer mit Tiefenanschlag

6 Auch die abgeschrägten Spitzen der Zaunpfosten werden mit dem Bandschleifer hergestellt (siehe auch Zeichnug auf Seite 25)

die Teile dann mit Klemmzwingen zusammen. Anschließend wird der gesamte Aufbau mit der Bodenplatte verleimt. Die Pfosten sollten Sie zusätzlich von unten mit der Bodenplatte verschrauben.

Die beiden Dachhälften werden vor der Montage durch zwei Scharniere miteinander verbunden, die an den abgeschrägten Firstkanten anstehen. Damit zwischen den Kanten kein Spalt entsteht, werden die Beschläge kantenbündig eingelassen. Die auf der geschlossenen Längswand ruhende Dachhälfte wird nun fest mit den Schrägen der Stirnseiten verleimt. Nun fehlen nur noch die beiden Flügel des Giebeltores. Sie werden rundum mit etwa 2 mm Spiel zugeschnitten, sodass sich das Tor auch nach dem Bemalen des Holzes gut schließen lässt. Die kleinen Messingscharniere nageln Sie von außen sichtbar an Flügel und Stirnwand an.

Die Figuren

Ist das Bauernhaus fertiggestellt, geht es ans Aussägen der Tiere und Bäume. Auch hierfür haben wir 18 mm dickes Kiefernleimholz verwendet. Die gegenüber Fichte etwas festere Kiefer lässt sich nämlich besser sägen und schleifen. Die Umrisse der Tiere entnehmen Sie den Zeichnungen. Kopieren Sie die Vorlagen auf die Größe „Arche Noah"-Figuren (s. S. 18) hoch, und pausen Sie anschließend die Umrisse auf das Holz durch. Ideal zum Aussägen der feinen Konturen ist eine so genannte Dekupiersäge (Laubsäge mit Elektroantrieb). Wer eine Stichsäge besitzt, kann diese aber auch fest unter einen passenden Sägetisch montieren und die Figuren dann mit einem feinen Kurvensägeblatt ausschneiden. Die Sägekanten werden sorgfältig geschliffen, bevor es ans Bemalen geht. Unsere Fotos sollen Ihnen dabei einige Anregungen geben.

Der Zaun

Ein aus zusammengesteckten Einzelteilen bestehender Zaun grenzt die Weide unseres Bauernhofes ab. Die Pfosten stellen Sie aus 18 mm breiten Leimholzstreifen her. Dabei erhalten die Endpfosten zwei, die Zwischenpfosten jeweils vier 5 mm tiefe Sacklöcher (Durchmesser 8 mm) zur Aufnahme der als Querstreben dienenden Rundhölzer.

Es gibt drei Arten von Pfosten: 1. Endpfosten mit zwei Bohrungen (für zwei Querstreben), 2. Zwischenpfosten mit vier paarweise gegenüberliegenden Bohrungen (vier Querstreben) und 3. Eckpfosten mit vier paarweise im rechten Winkel angelegten Löchern (vier Querstreben). Gegebenenfalls fertigen Sie sich außer Zwischenpfosten noch einige Eckpfosten, um den Zaun um mehrere Ecken zu führen.

Zu einem richtigen Bauernhof gehört natürlich auch ein zünftiger Traktor mit Anhänger. Zum Nachbau beider Teile brauchen Sie nicht mehr als ein paar Holzreste, Linsenkopfschrauben als Radachsen und Schraubhaken für die Zugmaschine bzw. eine Schrauböse zum Ankoppeln des Hängers. Die Maße der Einzelteile entnehmen Sie bitte der Materialliste bzw. den Zeichnungen. Die vorbereiteten Hölzer am besten mit Expressleim zusammenfügen. Dann müssen die Teile nur wenige Minuten zusammengepresst werden, und schon geht es weiter. Da Traktor und Hänger zum Schluss farbig bemalt werden, können Sie die Teile beim Verleimen auch mit feinen Stiften aneinanderheften.

Hier sehen Sie die Umrisszeichnungen für Bäume, Busch und Tiere. Sie können sie in der gewünschten Größe frei nachzeichnen oder mithilfe eines Kopierers vergrößern und übertragen

Hier das Bauernhaus aus vier verschiedenen Perspektiven. Das Dach besteht aus zwei Platten, die mit Scharnieren verbunden werden

Die Zaunelemente (unten) lassen sich in beliebiger Anzahl herstellen und miteinander verbinden

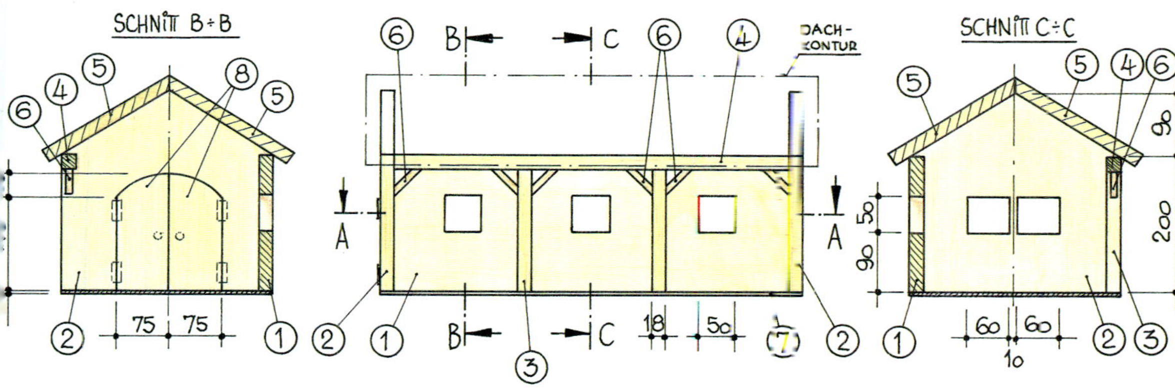

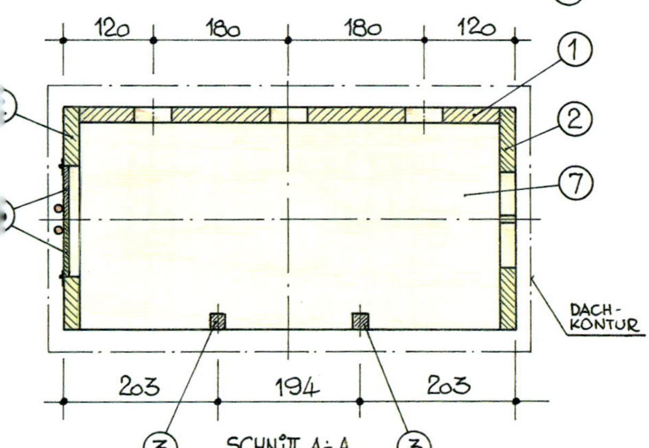

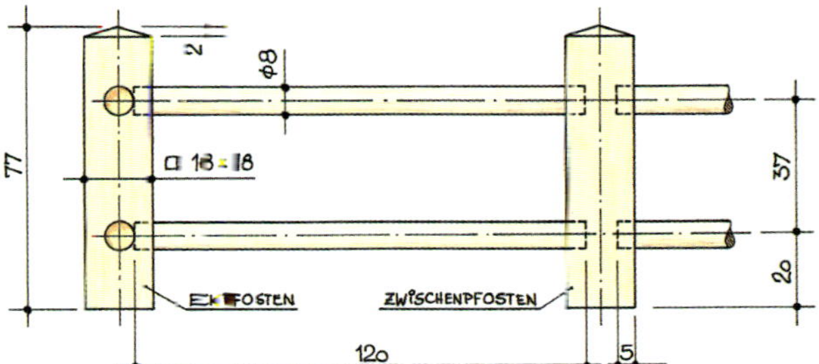

Einkaufslisten

Gebäude

Position	Anzahl	Bezeichnung	Maße in mm	Material
①	1	Längswand	564 x 200	Kiefernleimholz, 18 mm
②	2	Stirnwände	300 x 200	
③	2	Pfosten	200 x 18	
④	1	Längsträger	564 x 18	
⑤	2	Dachhälften	640 x 210	
⑥	6	Diagonalstreben	50 lang	Kiefer, 10 x 10 mm
⑦	1	Bodenplatte	600 x 300	Sperrholz, 5 mm
⑧	2	Türen	170 x 74	

2 Scharniere 50 x 30 mm geöffnet (Dach); 4 Scharniere 30 x 15 mm geöffnet (Türen); 2 Holzkugeln Ø 10 mm (Türknöpfe); Spanplatten-Schrauben; Holzleim

Zugmaschine

Position	Anzahl	Bezeichnung	Maße in mm	Material
①	1	Grundplatte	187 x 60	Kiefer, 18 mm
②	2	Hinterräder	Ø 80	
③	2	Vorderräder	Ø 50	
④	1	Achslager	60 x 20	
⑤	2	Motorblockteile	105 x 50	Kiefer, 20 mm
⑥	1	Sitzfläche	50 x 50	
⑦	1	Rückenlehne	50 x 35	
⑧	1	Lenkrad	Ø 35	Sperrholz, 9 mm
⑨	2	Scheinwerfer	Ø 20	Sperrholz, 5 mm
⑩	1	Lenksäule	35 lang	Buche, Ø 6 mm
⑪	1	Auspuffrohr	65 lang	Buche, Ø 10 mm

4 Linsenkopf-Schrauben 4,5 x 50 mm (Messing); 4 Scheiben 6,4 DIN 125; 1 Schraubhaken; Holzleim

Anhänger

Position	Anzahl	Bezeichnung	Maße in mm	Material
①	1	Bodenplatte	150 x 60	Sperrholz, 9 mm
②	2	Längswände	90 x 50	
③	2	Stirnwände	60 x 50	
④	1	Achslager	60 x 20	Kiefer, 18 mm
⑤	2	Räder	Ø 50	

2 Linsenkopf-Schrauben 4,5 x 50 mm (Messing); 2 Scheiben 6,4 DIN 125; 1 Schrauböse; Holzleim

Mit einem rot-grünen Anstrich wirkt der Traktor besonders realistisch. Die Scheinwerfer werden gelb, die Räder schwarz angemalt

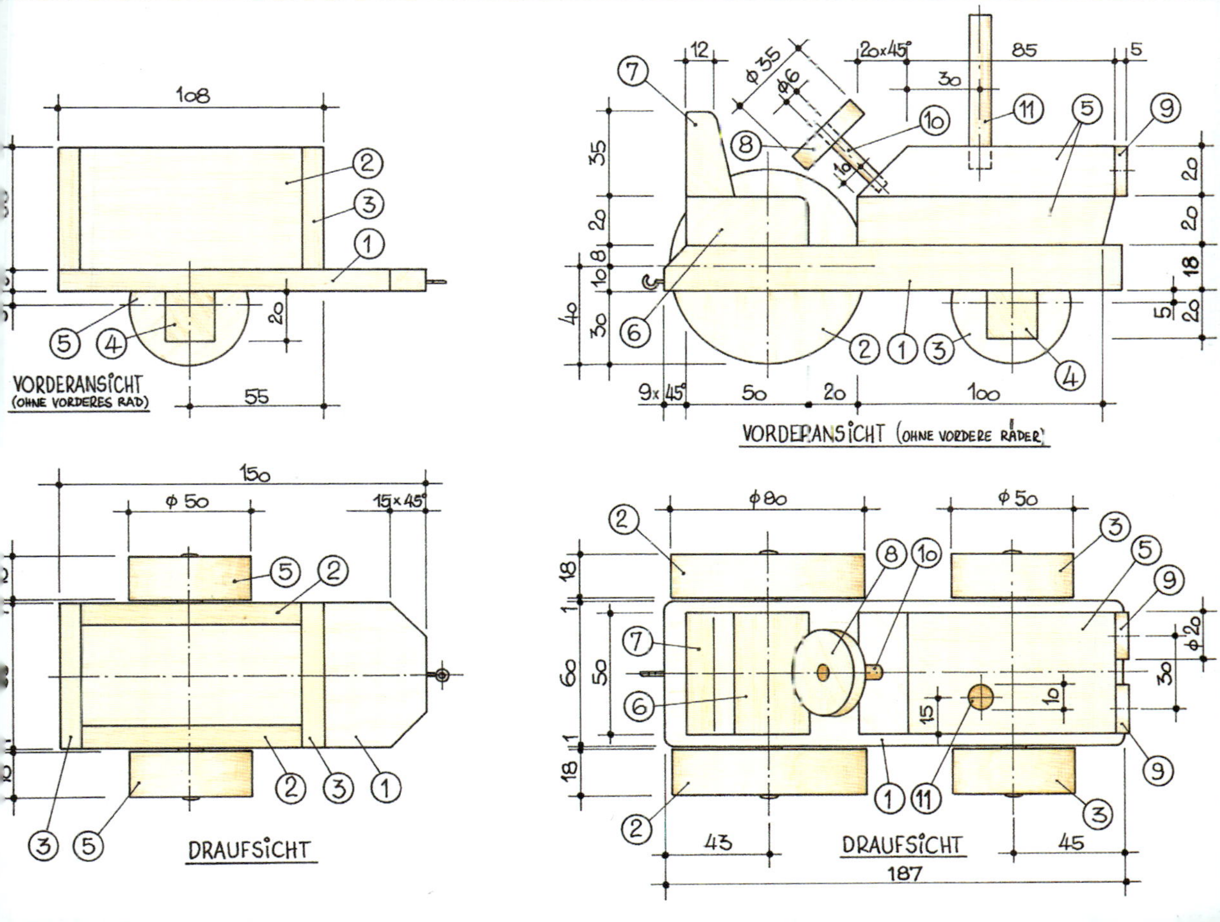

Manege frei beim bunten Circus

Eine Circusvorstellung ist besonders für Kinder ein echtes Abenteuer. Unser Circus mit Manege, Tieren und Wagen bietet Ihren Kindern viele tolle Möglichkeiten, eigene Spielideen rund um ein Circuserlebnis zu entwickeln

Weil auch das schönste Spielzeug nach dem Spiel möglichst Platz sparend verstaut werden muss, haben wir unser Circuszelt so konstruiert, dass es sich komplett zerlegen lässt. In wenigen Minuten gehen Auf- und Abbau vonstatten.

Die Bodenplatte

Eine achteckige Bodenplatte bildet die Basis der Konstruktion. Die erforderliche Tischlerplatte mit dem Rohmaß von 800 x 800 mm lässt man sich am besten zuschneiden. Zu Hause werden dann mit der Handkreissäge die vier Außenecken abgetrennt.

Die Bohrungen

Im nächsten Arbeitsschritt versehen Sie die Bodenplatte mit 15 mm tiefen Bohrungen für die sechs äußeren Einsteckdorne, an denen das Zelt befestigt wird, sowie für die neun Stützen der Zeltwand. Die Detailzeichnung auf Seite 32 zeigt Ihnen die genauen Positionen der Löcher. Alle Bohrungen haben einen Durchmesser von 8 mm. Zusätzlich bohren Sie zwei Löcher von 15 mm Durchmesser zur Aufnahme der Masten. Die äußeren Einsteckdorne – obenauf haben wir aufgebohrte Kugeln geleimt – werden fest mit der Bodenplatte verleimt. Später befestigen wir daran die Schnüre, mit denen das Doppelmastsys-tem verzurrt wird. Die Masten werden dagegen nur lose in die Sacklöcher gesteckt, damit Sie das Zelt problemlos wieder zerlegen können.

Die Mastkonstruktion

Auf die zwei hohen Masten leimen Sie nun die mit entsprechenden Bohrungen versehenen Verbindungskugeln. Sie besitzen seitlich zwei eingeleimte Seilhalter, die von kleinen Zierkugeln gekrönt werden. Nach oben ragen Fahnenstangen heraus. Den Seilhaltern gegenüber befindet sich in jeder Verbindungskugel eine Bohrung, in die der Querträger des Mastsystems gesteckt wird. Vor der Mon-

Hier sieht man die Bodenplatte mit Zeltzubehör (1). Der erste der beiden großen Masten ist in die 15-mm-Bohrung eingesteckt (2)

1

2
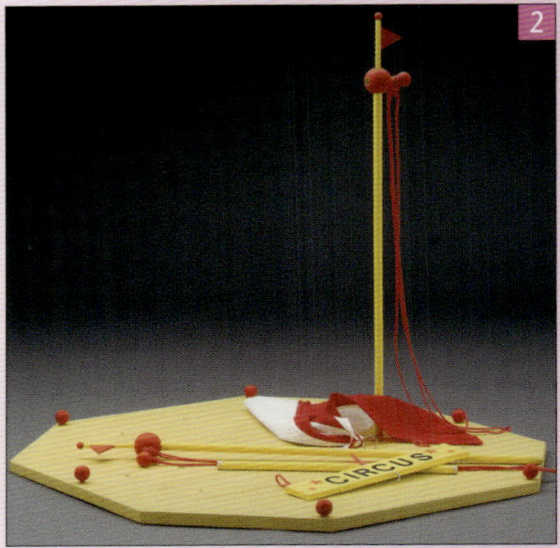

Es folgt der zweite Mast. Am Querträger hängt das Schild mit der Aufschrift „Circus" (3). Das Zeltdach wird aufgehängt und über die Stützen gezogen (4)

3
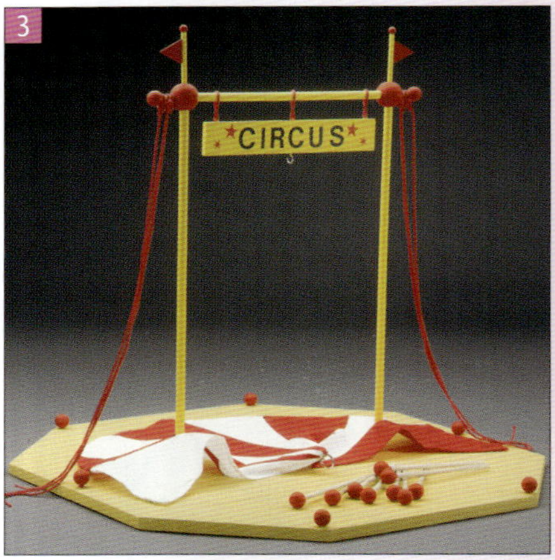

4

Zuletzt wird die Zeltwand aufgebaut. Dann verspannt man die Schnüre (5). Mit Wagen und Tieren ist der Circus komplett – die Vorstellung kann beginnen (6)

5

6

tage ziehen Sie die Seilschlaufen, an denen das Schild mit der Aufschrift „Circus" hängt, über die Querträger. In der Mitte der Unterkante des Schildes wird ein Schraubhaken angebracht. Daran hängt das Zeltdach.

Das Zeltdach

Schneiden Sie aus Leinenstoff acht Dachdreiecke im Format 430 x 160 mm mit 10 mm Nahtzugabe zu. Vernähen Sie die Dachdreiecke miteinander, und lassen Sie an den Nahtstellen Schlitze zum Durchstecken der Stützen frei. An den unteren Enden werden zwei kleine Reststücke angesetzt, um für die äußeren Stützen einen Schlitz zu schaffen.
Ein an der Spitze des Zeltdaches angenähter Schlüsselring dient zum Aufhängen am Circusschild, an dessen Unterkante bereits ein Haken sitzt. Zum Beschriften des Schildes verwenden Sie am besten selbst klebende Buchstaben und Sterne, die man im Handel erhält.

Die Zeltwand

Neun in die Bodenplatte gesteckte Stützen mit Zierkugeln bilden das Gerüst für die senkrechte Zeltwand. Schneiden Sie aus Leinenstoff die acht Zeltwandteile im Format 180 x 160 mm mit 10 mm Nahtzugabe zu. Denken Sie daran, dass die Zeltwand über die beiden den Eingang flankierenden Stützen geschoben wird (den Tunnel umnähen).

Die Circustiere

Die sieben zum Circus gehörenden Tiere sowie die Manegenringe werden mit der Dekupier- oder Stichsäge aus 18 mm dickem Kiefernleimholz ausgesägt. Beim

Mit farbenprächtiger Decke auf dem Rücken kommt das Dromedar in die Manege

Auch der freundliche Elefant darf seine Kunststücke vorführen

Den gestreiften Ball balanciert unser Seelöwe sicher auf seiner Nasenspitze

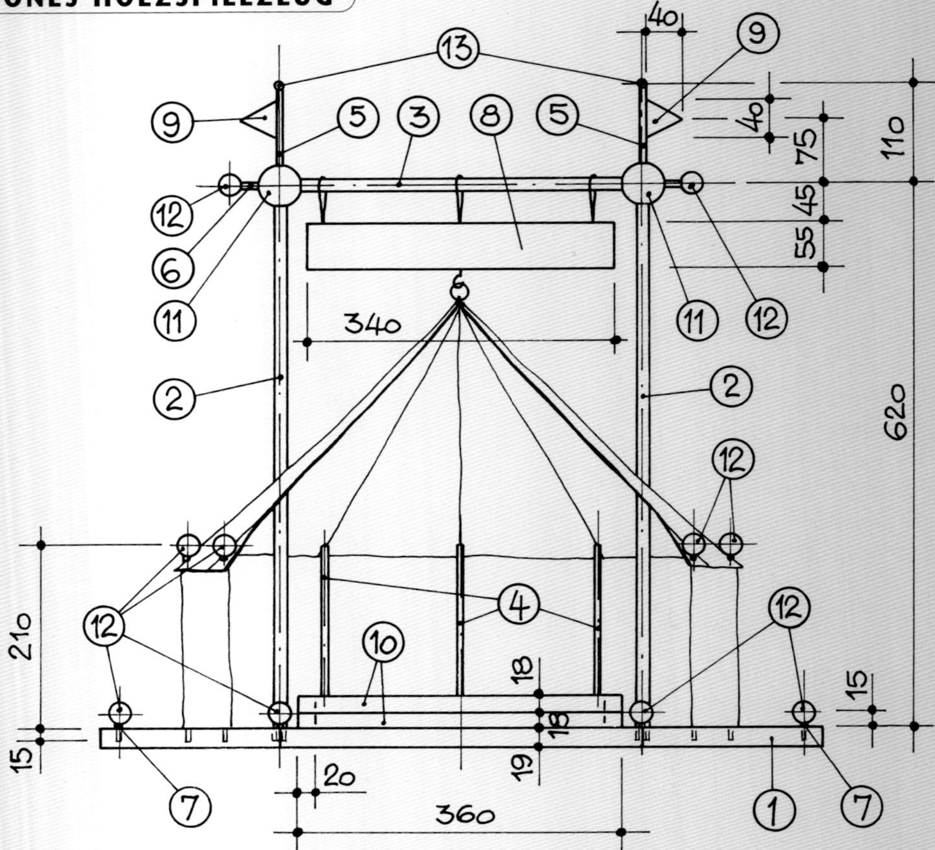

Zeichnen der Umrisse für die einzelnen Tiere können Sie sich teilweise an den Umrissen und Maßen der Arche-Tiere (s. Seite 18–19) orientieren. Die ebenfalls aus Leimholz bestehenden Räder besitzen einen Durchmesser von 30 mm und werden auf 5-mm-Holzachsen montiert.

Die Circuswagen

Zugmaschine, Wohn- und Tierwagen bestehen größtenteils aus 10-mm-Sperrholz. Schneiden Sie die Einzelteile nach den Maßangaben in den Materiallisten und Zeichnungen mit der Stichsäge zu. Dann bestreichen Sie die Stoßflächen mit Expressleim und pressen die Teile jeweils für einige Minuten aufeinander. Die Räder von 70 mm Durchmesser werden mit einer Lochsäge aus 18 mm dickem Kiefernleimholz hergestellt. Mit jeweils 2 mm Abstand zur Karosserie leimt man sie auf 10-mm-Dübelhölzer, die als Achsen dienen. Zwischengelegte Unterlegscheiben verhindern, dass die Räder schleifen.

Oberflächenbehandlung

Beim Bemalen der Tiere und Wagen ist besondere Sorgfalt geboten. Am leichtesten lässt sich mit Plaka-Farbe arbeiten. Die Oberfläche der Teile schützen Sie am besten mit einem Überzug aus mattem Klarlack gegen Abrieb.

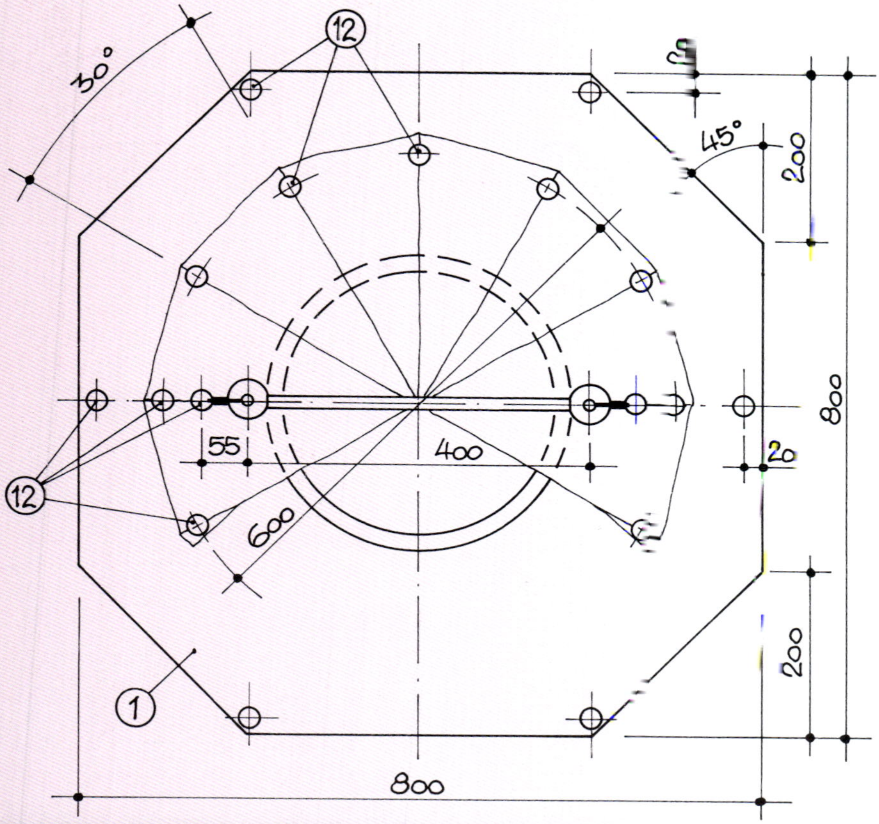

Hier sind alle tierischen Künstler versammelt. Die Rasterzeichnungen für die einzelnen Figuren finden Sie auf der folgenden Seite

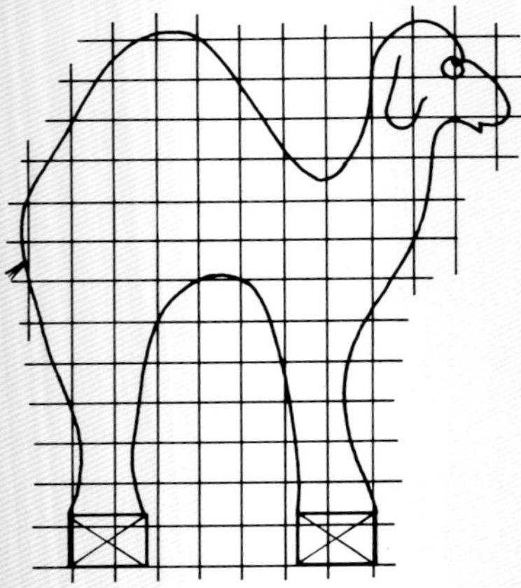

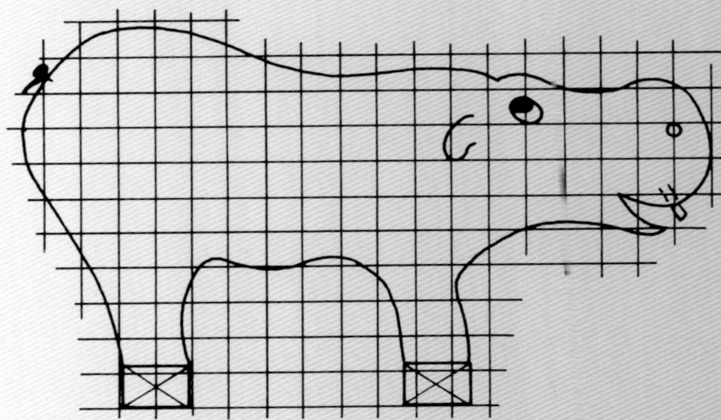

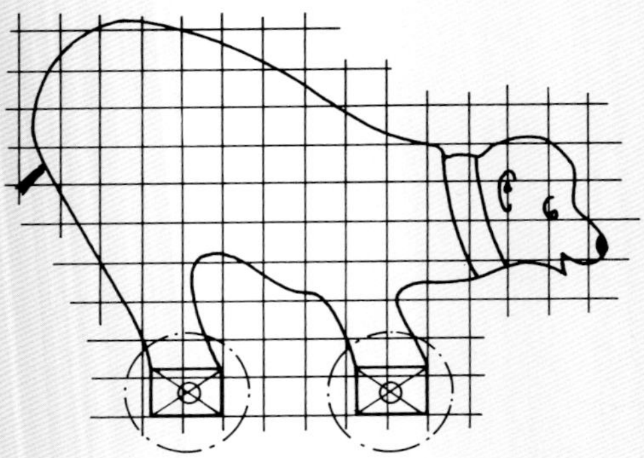

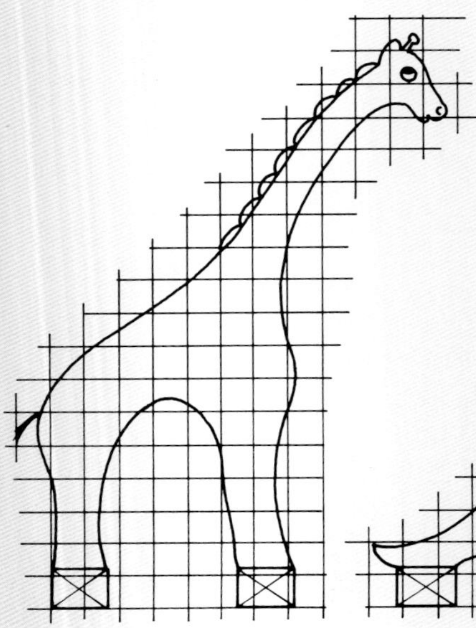

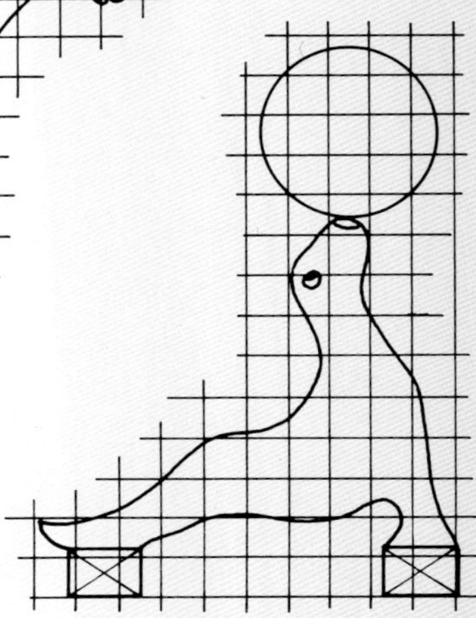

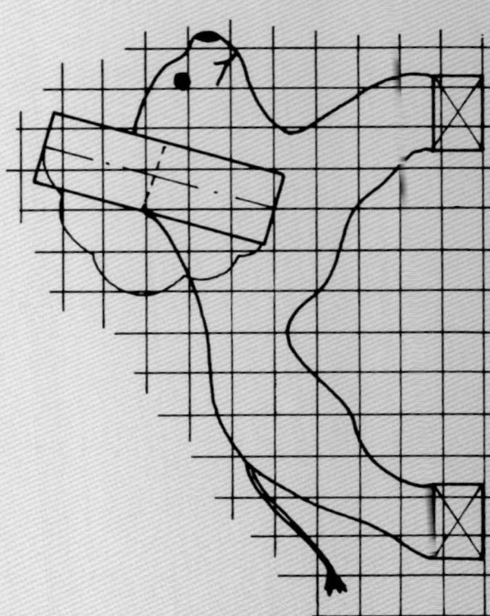

Materialliste

Zelt

Position	Anzahl	Bezeichnung	Maße in mm	Material
①	1	Bodenplatte	800 x 800	Tischlerplatte, 19 mm
②	2	Stützen/Masten	620 lang	Buche, Ø 15 mm
③	1	Querträger	375 lang	
④	9	Stützen/Zelt	230 lang	Buche, Ø 8 mm
⑤	2	Fahnenstangen	95 lang	
⑥	2	Seilhalter	40 lang	
⑦	6	Einsteckdorne	28 lang	
⑧	1	Circusschild	340 x 55	Sperrholz, 10 mm
⑨	2	Wimpel	40 x 40	Sperrholz, 4 mm
⑩	5	Manegenringe	Ø 320 x 20 breit	Kiefernleimholz, 18 mm
⑪	2	Verbindungskugeln		Buche, Ø 45 mm
⑫	17	Zierkugeln		Buche, Ø 25 mm
⑬	2	Abschlusskugeln		Buche, Ø 10 mm

8 Zeltwandteile, 180 x 160 mm plus 10 mm Nahtzugabe (umlaufend);
8 Dachdreiecke, 430 x 160 mm plus 10 mm Nahtzugabe (umlaufend);
2 Reststücke als Zugabe für die Enden; 1 Schraubhaken; 1 Schlüsselring, Ø 20 mm;
ca. 5 laufende Meter geflochtene Schnur; Holzleim; Farbe

Kein Circus ohne Circuswagen. Die Zeichnungen für Zugmaschine und Wohnwagen folgen auf den Seiten 36–39

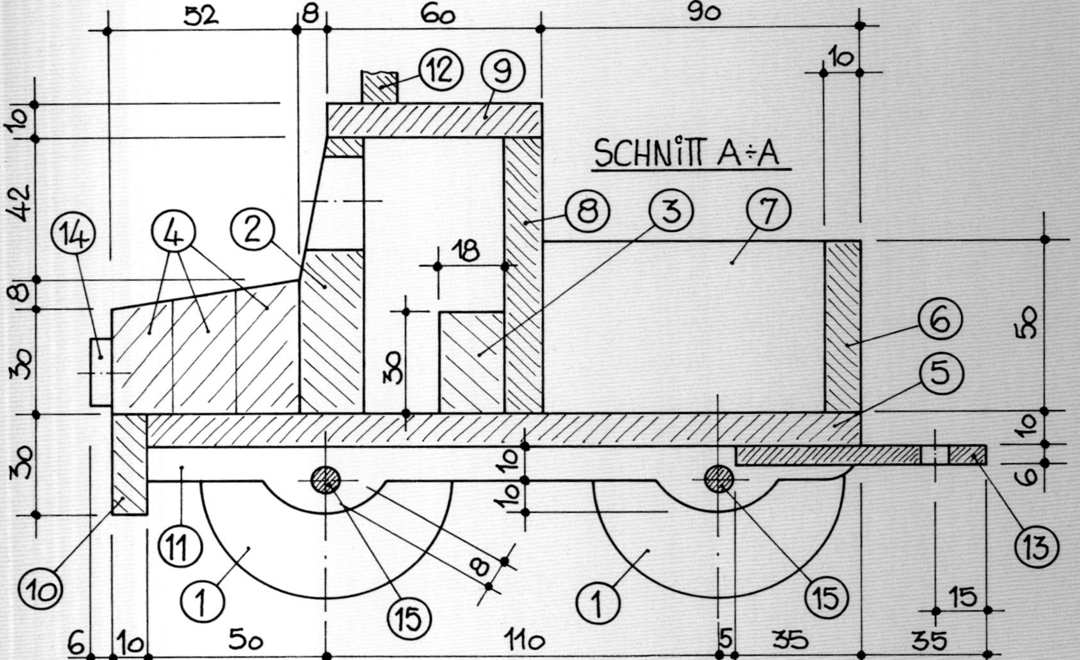
SCHNITT A÷A
52
8
60
90
10
10
42
8
30
30
18
30
50
10
10
10
6
8
15
6
10
50
110
5
35
35
1
2
3
4
5
6
7
8
9
10
11
12
13
14
15

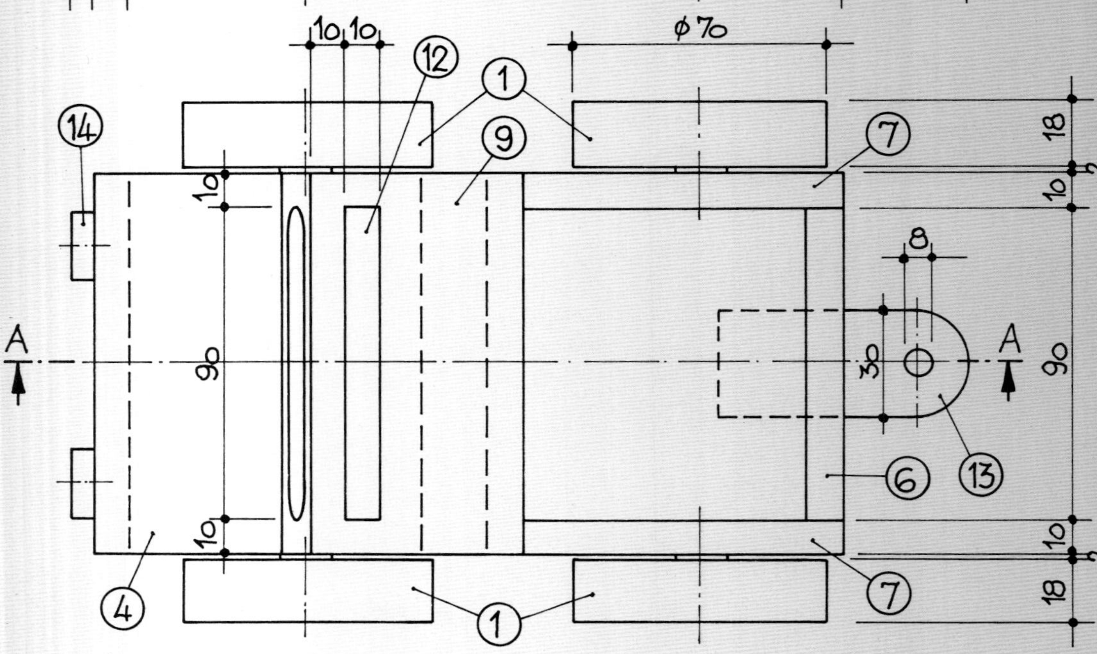
10
10
ϕ 70
18
2
10
8
30
90
90
10
10
2
18
A
A
1
4
6
7
9
12
13
14

DRAUFSICHT

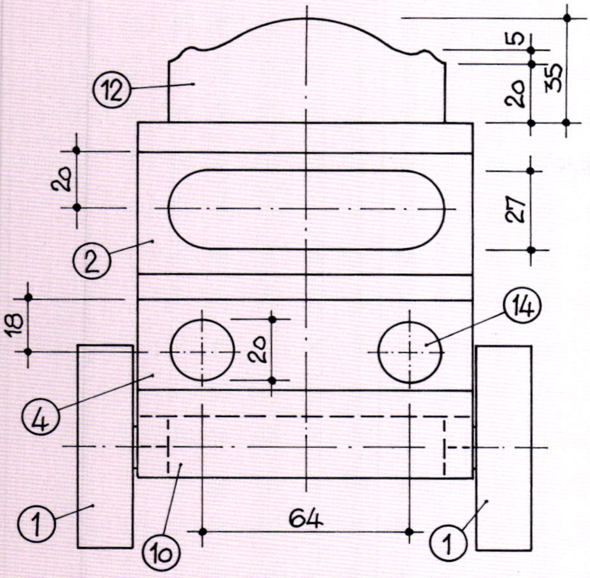

ANSICHT VON VORNE

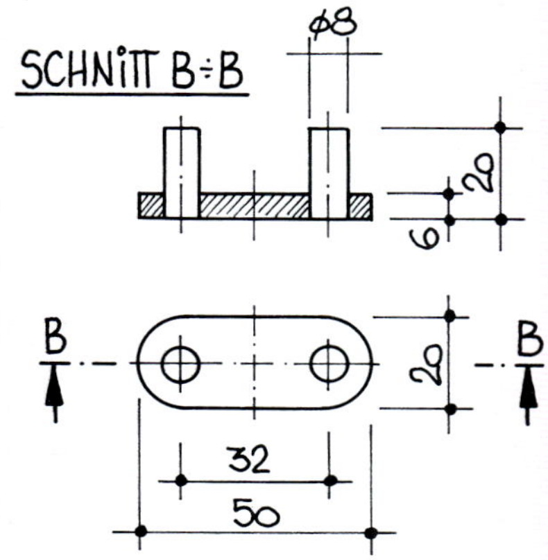

KUPPLUNGSSTÜCK

Materialliste

Zugmaschine

Position	Anzahl	Bezeichnung	Maße in mm	Material
①	4	Räder	Ø 70	Kiefernleimholz,
②	1	Frontteil	110 x 80	18 mm
③	1	Sitzbank	110 x 30	
④	3	Motorblockteile	110 x 38	
⑤	1	Bodenplatte	200 x 110	Sperrholz,
⑥	1	Rückwand	90 x 50	10 mm
⑦	2	Seitenwände	90 x 50	
⑧	1	Kabinen-Rückwand	110 x 80	
⑨	1	Dachplatte	110 x 60	
⑩	1	Stoßfänger	110 x 30	
⑪	2	Längsträger	200 x 20	
⑫	1	Dachaufsatz	90 x 35	
⑬	1	Kupplungs-Aufnahme	70 x 30	Sperrholz,
⑭	2	Lampen	Ø 20	6 mm
⑮	2	Achsen	150 lang	Buche, Ø 8 mm

4 Scheiben für 8-mm-Achsen; Holzleim; Farbe

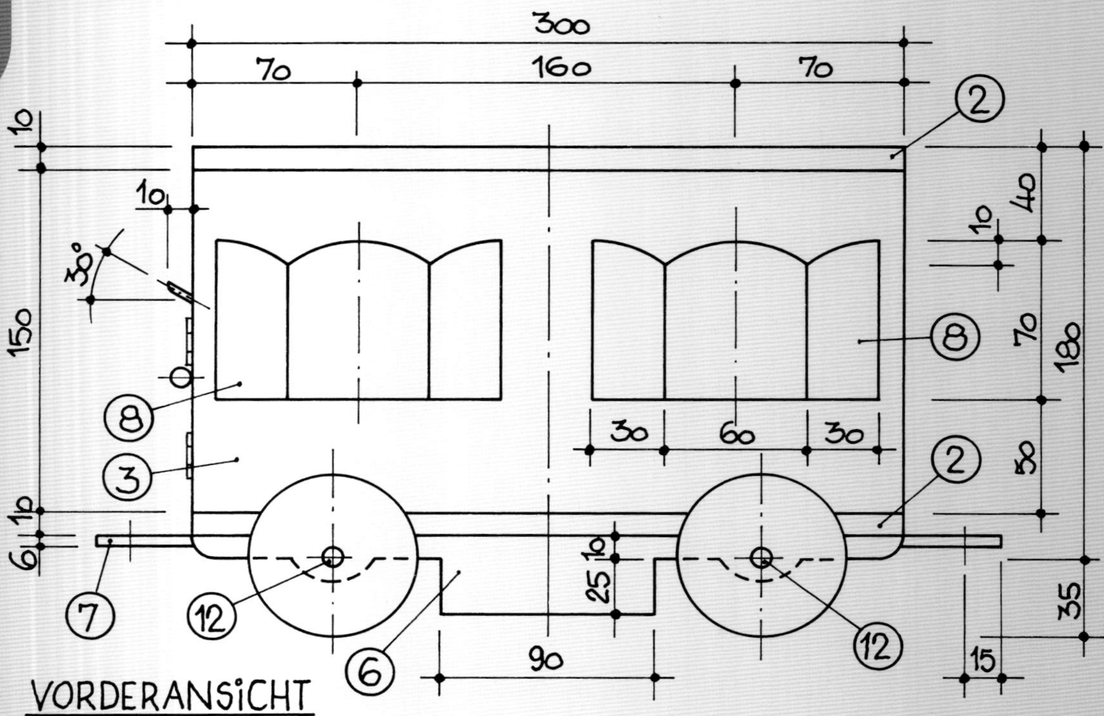
300
70
160
70
10
10
30°
150
10
6
40
10
70
180
50
30
60
30
10
25
35
15
90
2
8
3
7
12
6
12
2
8
VORDERANSICHT

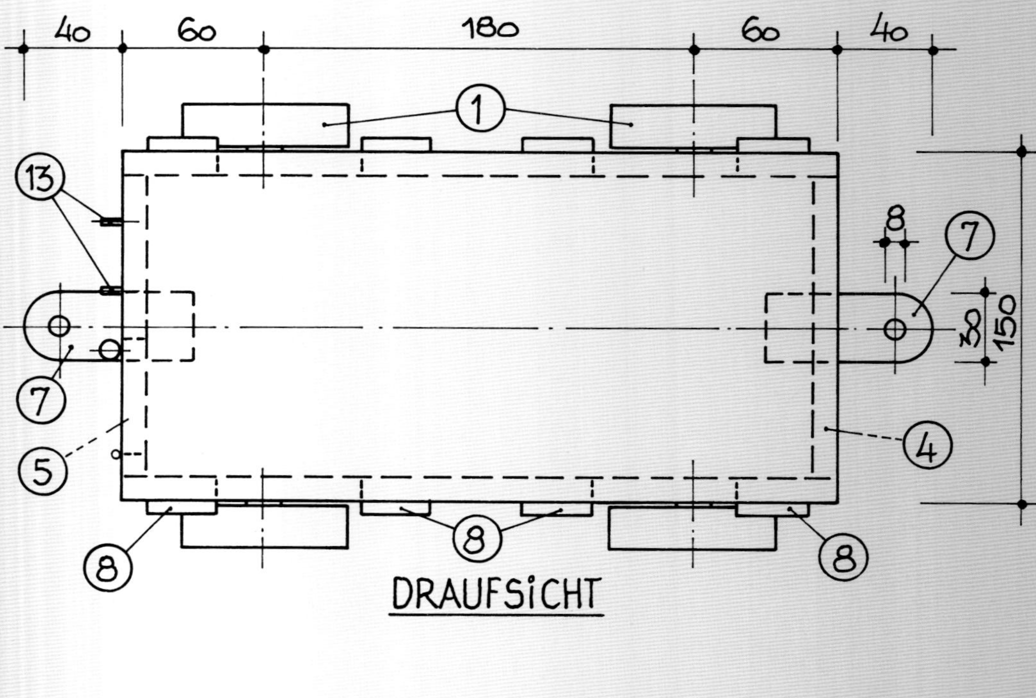
40
60
180
60
40
1
13
7
5
8
8
8
8
7
4
30
150
DRAUFSICHT

Materialliste

Wohnwagen

Position	Anzahl	Bezeichnung	Maße in mm	Material
①	4	Räder	Ø 70	Kiefernleimholz, 18 mm
②	2	Boden-/Kopfpatten	300 x 150	Sperrholz, 10 mm
③	2	Seitenwände	300 x 150	
④	1	Stirnwand	150 x 130	
⑤	1	Stirnwand mit Tür	150 x 130	
⑥	2	Längsträger	300 x 20	
⑦	2	Kupplungs-Aufnahmen	70 x 30	Sperrholz, 6 mm
⑧	8	Fensterläden	70 x 30	
⑨	1	Treppen-Plattform	50 x 35	Sperrholz, 3 mm
⑩	2	Treppenwangen	90 x 15*)	
⑪	4	Treppenstufen	44 x 15	Sperrholz, 2 mm
⑫	2	Achsen	190 lang	Buche, Ø 8 mm
⑬	2	Aufhänger	20 lang	Buche, Ø 3 mm

2 Mini-Scharniere; 4 Scheiben für 8-mm-Achsen; Schrauben für Mini-Scharniere;
1 Holzperle, Ø 5 mm (Türknopf); Nagel; Holzleim; Farbe
Der Dachaufsatz ist mit dem des Tierwagens (Pos. 5 und 6) identisch.
*) = Die Länge (90 mm) ist ein Rohmaß und bei der Montage anzupassen

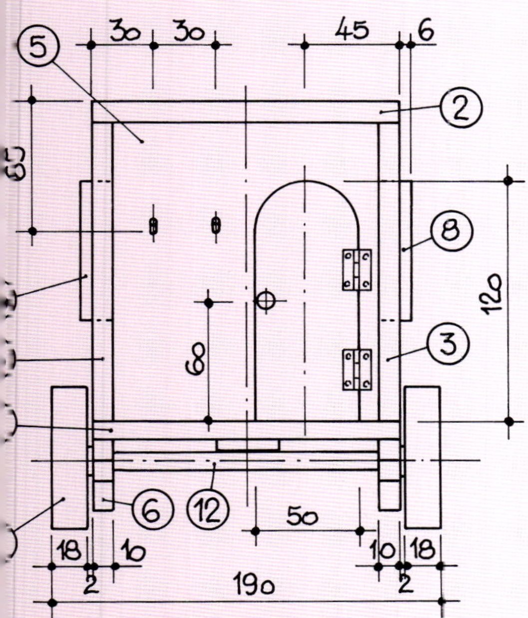

ANSICHT VON LINKS

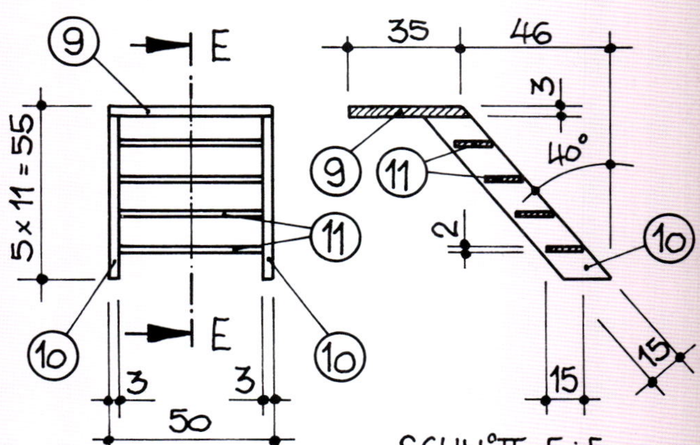

SCHNITT E÷E

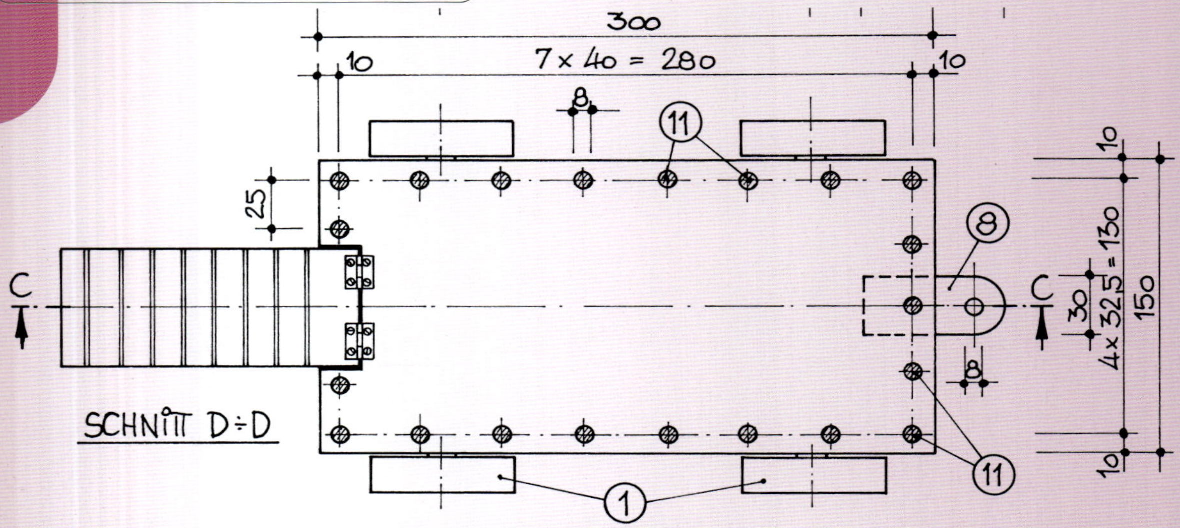

Für Teile, die erst nach dem Bemalen zusammengefügt werden, keinen Holzleim, sondern Alleskleber verwenden

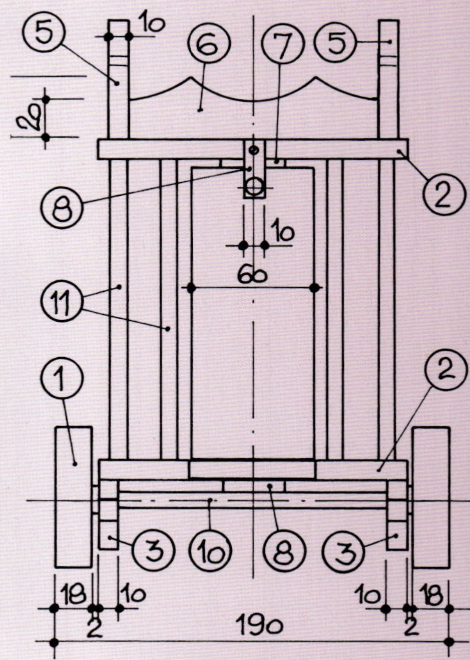

ANSICHT VON LINKS
(KLAPPE GESCHLOSSEN)

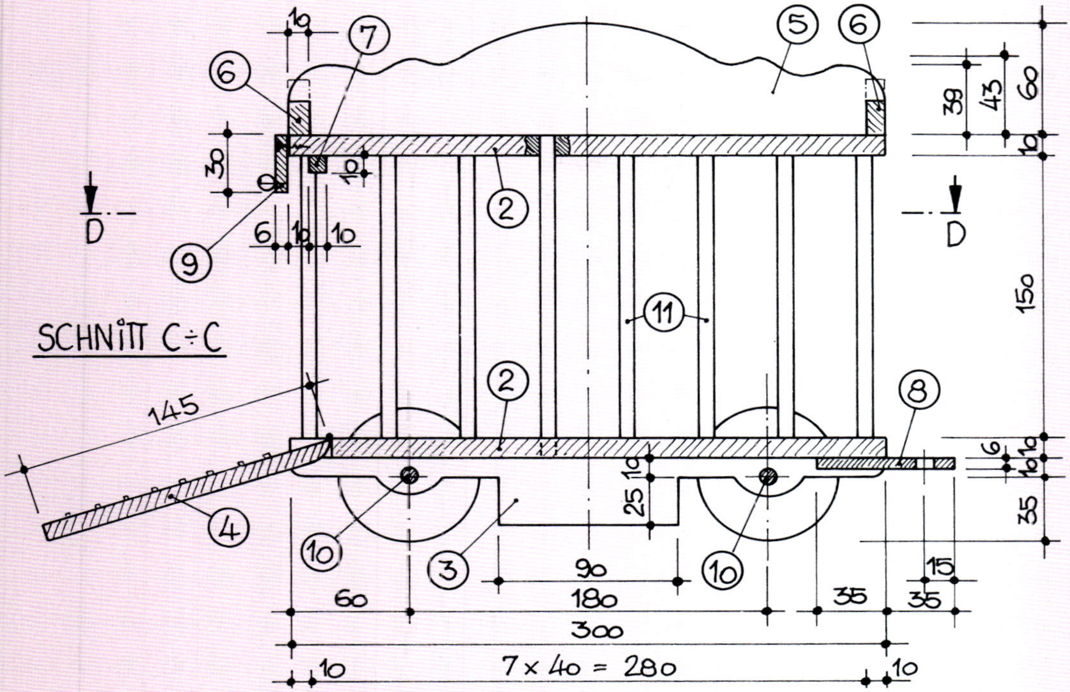

Materialliste

Tierwagen

Position	Anzahl	Bezeichnung	Maße in mm	Material
①	4	Räder	Ø 70	Kiefernleimholz, 18 mm
②	2	Boden-/Kopfplatten	300 x 150	Sperrholz, 10 mm
③	2	Längsträger	300 x 35	
④	1	Klappe	145 x 60	
⑤	2	Aufsatz-Seitenteile	300 x 60	
⑥	2	Aufsatz-Stirnteile	120 x 30	
⑦	1	Anschlag	30 x 10	
⑧	1	Kupplungs-Aufnahme	70 x 30	Sperrholz, 6 mm
⑨	1	Riegel	30 x 10	
⑩	2	Achsen	190 lang	Buche, Ø 8 mm
⑪	21	Gitterstäbe	170 lang	

2 Mini-Scharniere; Holzperle, Ø 8 mm (für Riegel); Holzschrauben (für Riegel und Mini-Scharniere); 4 Scheiben für 8-mm-Achsen; 8 Trittleisten, 2 x 1 mm, 60 mm lang; Nägel; Holzleim; Farbe

Prachtvolles Schaukelpferd

Gerade weil in heutigen Kinderzimmern ferngelenkte Roboter, Computer und elektronische Spiele das Spielangebot dominieren, gewinnt ein echtes Schaukelpferd an Reiz

Das Konstruktionsprinzip

Unser Schaukelpferd ist durch und durch solide gebaut. Als Material haben wir Kiefern- bzw. Fichtenleimholz gewählt. Da das Spielzeug zuerst lackiert wird, spielt die Holzqualität eine entscheidende Rolle. Sie müssen allerdings wissen, dass sich das etwas härtere Kiefernholz besser bearbeiten lässt als die weichere und preiswertere Fichte. Am besten kaufen Sie sich große Möbelbauplatten, auf denen Sie sich die benötigten Teile mithilfe von Pappschablonen anreißen.

Wie kommt man zu den Schablonen? Ganz einfach: Sie übertragen das auf Seite 46 aufgezeichnete Raster (ein Kästchen misst in Originalgröße 10 x 10 cm) auf die Pappe. Dann werden die Konturen der Einzelteile in den Feldern des Rasters sorgfältig nachgezeichnet. Anschließend schneiden Sie die Teile aus. Mit den maßstabsgerechten Schablonen übertragen Sie die Formen auf die Leimholzplatten.

Die Schnittzeichnung auf Seite 46 zeigt den Schichtenaufbau des Schaukelpferds. Die „Kopf- und Rumpfschicht" wird viermal benötigt. Dann folgen auf jeder Seite zwei weitere Schichten mit den Umrissen des Rumpfes. Die „Beine" schließlich bilden die neunte und zehnte Lage. Unterhalb des Rumpfes sind sie allerdings noch

Arbeitsschritte

1

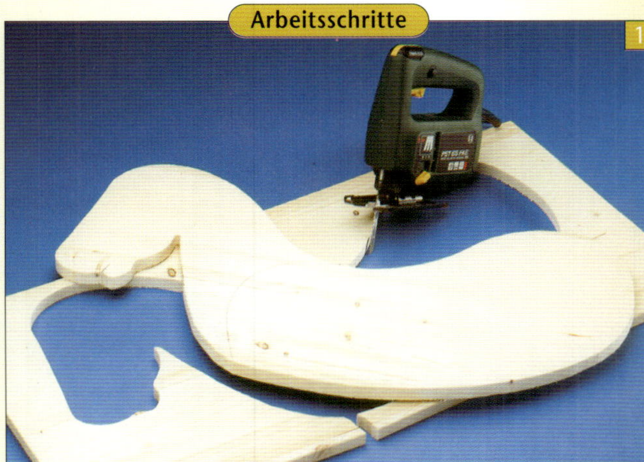

Die mithilfe einer Schablone aufgezeichnete Form wird mit der Stichsäge aus der Leimholzplatte herausgeschnitten

Aus insgesamt acht Lagen Holz wurde der Rumpf zusammengeleimt. Alle Kanten müssen gebrochen und geschliffen werden

Hier werden die Kanten eines Beins mit der Oberfräse abgerundet. Unterhalb des Rumpfes besteht es aus drei Schichten

Die Beine können nun auf den Rumpf geleimt werden. Im Bereich der Schenkel liegen zehn Holzschichten aufeinander

durch zwei weitere, nach innen weisende Lagen verstärkt. Wenn Sie sich die Folge der Arbeitsfotos anschauen, wird Ihnen der Aufbau deutlich.

Die Arbeitsschritte

Wenn Sie also die Schablonen angefertigt haben, werden die Konturen der Leimholzteile aufgezeichnet. Holzschichten, die innen liegen, können durchaus aus Reststücken zusammengesetzt werden. Damit das schichtverleimte Holz später nicht reißt, sollten Sie die einzelnen Lagen so zusammenfügen, dass die Laufrichtung der Maserung gleich ist.

Zum Ausschneiden der geschweiften Formen ist die elektrische Stichsäge das ideale Werkzeug. Bestücken Sie die Maschine mit einem schmalen Sägeblatt. Es garantiert besonders gute Kurvengängigkeit. Sollten Sie vorhaben, das Schaukelpferd im Naturholz-Look zu belassen, muss schon beim Sägen sehr sorgfältig gearbeitet werden, damit die Kanten der einzelnen Schichten beim Verleimen möglichst bündig zueinander liegen. Wird das Holz dagegen lackiert, können kleinere Unregelmäßigkeiten durch Spachteln ausgeglichen werden.

Wenn Sie die vier inneren Lagen ausgeschnitten haben, streichen Sie jeweils eine der Verbindungsflächen gleichmäßig mit Weißleim ein, und legen Sie die Teile aufeinander. Damit die Platten nicht verrutschen, können Sie Schicht für Schicht je zwei dünne Nägel in das Holz schlagen und so die Teile nach dem Ausrichten in der korrekten Position fixieren. Im nächsten Schritt werden dann Schraubzwingen angesetzt, um die Leimholzbretter fest aufeinanderzupressen. Überall dort, wo die Holzoberfläche sichtbar bleibt, sollten Sie Zulagen benutzen, damit die Zwingen keine Druckstellen verursachen.

Sobald der Leim abgebunden hat, werden die vier inzwischen vorbereiteten Rumpfschichten aufgeklebt. Nun kann man die Formen des Schaukelpferds bereits recht gut erkennen. Bevor Sie mit den Beinen weitermachen, sollten Sie die Kanten von Korpus, Hals und Kopf mit der Raspel brechen und dann schleifen. Nur an der Stelle, wo die Beine aufliegen, muss die scharfe Kante des Rumpfes erhalten bleiben.

Die Beine bilden jeweils eine zusätzliche Schicht auf dem Rumpf. Unterhalb des Rumpfes jedoch werden sie auf der Innenseite durch zwei weitere Lagen verstärkt. Das dritte Arbeitsfoto macht diesen Aufbau deutlich. Runden Sie die Kanten der Beine noch vor dem Verleimen, weil sich die Teile so besser bearbeiten lassen. Ein gleichmäßiges Arbeitsergebnis erzielen Sie hier mit der Oberfräse und einem Viertelstabfräser. Sind schließlich auch die Beine aufgeleimt, präsentiert sich das Schaukelpferd schon in seiner endgültigen Form.

Die Ohren bestehen aus Reststücken des 19 mm dicken Leimholzes, die man zu Klötzchen von 120 x 40 x 38 mm aufdoppelt und mit Raspel und Elektroschleifer auf einer Seite rundet. Eine Ausklinkung von 20 x 30 mm passt die Ohren an den Kopf des Pferdes an. Zwei 6-mm-Dübel verstärken die Verleimung.

Die Bohrungen für die Handgriffe und Fußrasten werden in den auf der Rasterzeichnung vorgegebenen Positionen vorbereitet. Dann die Rundhölzer mit jeweils 75 mm Überstand einleimen. Für das spätere Einsetzen von Mähne und Schweif

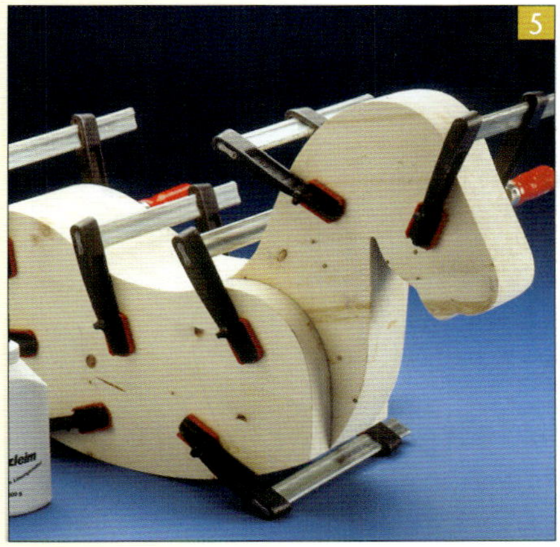

5 Das Einsetzen der Handgriffe. Sie sollten mindestens 30 mm tief im Pferdekopf sitzen, damit sie sich nicht lockern können

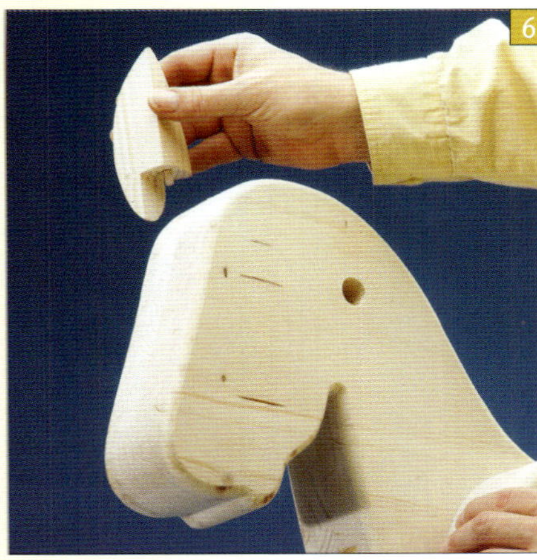

6 Die Dübellöcher, die zur Verbindung von Kufen und Fußbrettchen erforderlich sind, werden mithilfe des Bohrständers hergestellt

7 Beim Bemalen werden nur speichelfeste Farben verwendet. Mähne und Schweif bestehen aus Hanfseil und werden angeleimt

Rasterzeichnung

Die Draufsicht (rechts) zeigt den Schichtenaufbau des Schaukelperdes

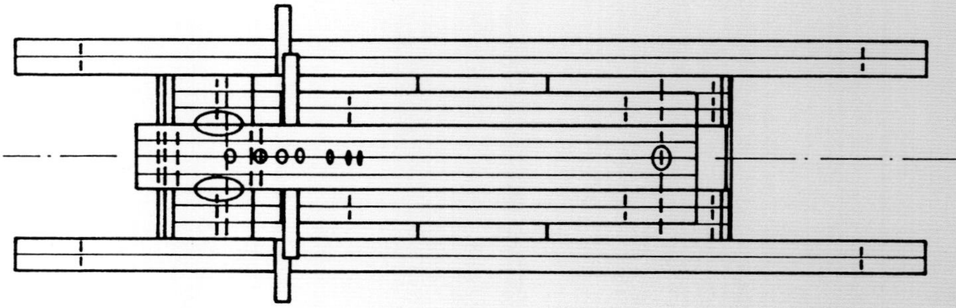

Materialliste

Anzahl	Bezeichnung	Maße in mm	Material
4	Körperplatten	664 x 473	Fichten- oder Kiefernleimholz, 19 mm
4	Rumpfplatten	492 x 265	
2	Vorderbeine	493 x 139	
2	Hinterbeine	504 x 178	
4	Unterschenkel, vorn	297 x 98	
4	Unterschenkel, hinten	336 x 125	
4	Kufen	1075 x 240	
2	Fußbrettchen	180 x 80	

Holzdübel Ø 8 mm; Hanfseil (Mähne) Ø 12 mm; Hanfseil (Schwanz), Ø 30 mm, alle Maße der Körperteile sind Rohmaße

(nach dem Lackieren) werden 18 bzw. 30 mm breite Löcher gebohrt.

Für den Aufbau der Kufen benötigen Sie ebenfalls Schablonen. Die Kufen werden aus jeweils zwei Lagen Holz zusammengeleimt. Zwei Brettchen von 180 mm Länge und 80 mm Breite dienen als Auflage der Beine. Jeweils drei 8-mm-Holzdübel in jeder Stirnseite stellen eine stabile Verbindung zwischen den Brettchen und den Kufen dar. Das Pferd wird nun auf die Brettchen der Kufen gestellt und von unten durch lange Holzschrauben befestigt. Vor dem Lackieren sollten Sie es jedoch wieder abschrauben. Dann wird die gesamte Oberfläche noch einmal gut geschliffen. Fehlstellen und Unebenheiten mit Lackspachtel ausgleichen.

Anschließend erfolgt eine Grundierung mit Vorstrichfarbe. Dann nochmals leicht anschleifen und den Endlack auftragen. Das weiß gestrichene Pferd wurde durch aufgemalte Flecken zum prächtigen Apfelschimmel. Kufen, Sattel, Griffe und Fußrasten wurden farbig abgesetzt. Verwenden Sie nur speichelfeste Farben. Schließlich wird das Pferd wieder auf den Kufen befestigt, dann die aus Hanfseil bestehende Mähne sowie der Schweif angeleimt.

Hier kommt die Eisenbahn!

Die Idee ist verblüffend einfach: Aus drei mach eins! Rechteckige Grundelemente aus Kiefernleimholz werden mit Forstnerbohrer und Stichsäge in Form gebracht und dreilagig miteinander verleimt. Dach drauf, Holzräder montiert und in den Kessel der Lok noch zwei Schornsteine eingesetzt – fertig ist die farbenprächtige Holzeisenbahn

Als Material für den Nachbau dieses herrlichen Spielzeugs verwenden Sie Kiefernleimholz, das in diversen Plattengrößen zum Regal- und Möbelbau angeboten wird. Für unseren Zweck reichen Regalbretter von z. B. 250 x 600 mm völlig aus. Von Vorteil ist, dass diese Platten preiswert sind und leicht transportiert werden können. Sowohl die Lok als auch die Waggons – wir haben drei gebaut – bestehen aus jeweils drei Korpusplatten, die man aufeinanderleimt. Für den kom-

Arbeitsschritte

1 Sind alle Korpusteile ausgesägt und angerissen, bohren Sie zunächst die unteren Rundungen der Waggonfenster mit dem Forstnerbohrer vor

2 Nun geht es ans Aussägen der Konturen. Hier sehen Sie die Rohlinge, aus denen die Elemente für Lok und Waggons entstehen sollen

3 Jeweils drei Holzlagen werden zu einem Korpus von Lok oder Waggons verleimt. Zulagen verhindern, dass die Zwingen Druckstellen verursachen

4 Mithilfe von Bohrständer und Lochsäge entstehen die Scheiben für den Kessel der Lok. Beim Sägen stets ein Stück Abfallholz unterlegen

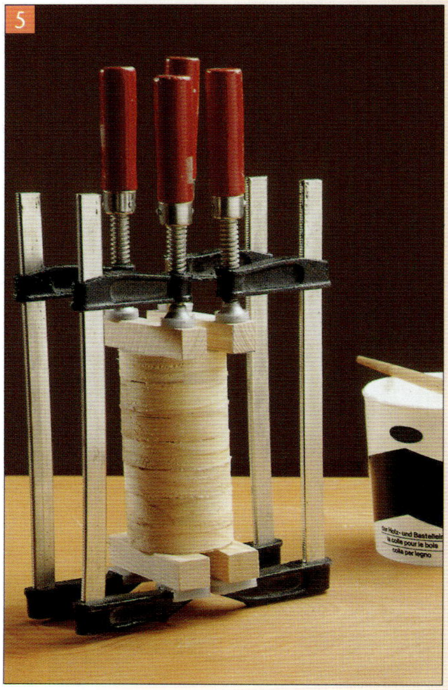

5 Die sieben Scheiben werden mit Leim bestrichen, auf einen dünnen Rundstab gesteckt und dann mit vier Zwingen gleichmäßig zusammengepresst

pletten Zug benötigen Sie also 12 Korpusplatten von 220 x 130 mm Größe. Die Zeichnungen der Seitenansichten (Seite 53) zeigen Ihnen die Umrisse der Elemente, die Sie aus den Platten heraussägen müssen.

Am besten zeichnen Sie die Form in Originalgröße auf ein Blatt Papier und pausen anschließend die Konturen auf das Leimholz. Dann ziehen Sie die Umrisse mit einem kräftigen Bleistiftstrich nach. Zum Aussägen der Teile wird die Stichsäge mit einem extrafeinen Kurvensägeblatt bestückt. Sägen Sie stets genau auf dem Strich. Dann werden die aufeinanderzuleimenden Teile exakt gleich groß.

Um die Fenster der Waggons sauber herausarbeiten zu können, empfiehlt es sich, die unteren Rundungen mit einem 30-mm-Forstnerbohrer herzustellen und dann die Schlitze mit der Stichsäge nach oben zu verlängern. Sind alle Korpusteile ausgesägt, werden die jeweils zusammengehörigen Lagen mit Holzleim bestrichen und kantenbündig aufeinandergelegt.

Schützen Sie die Holzoberfläche vor Druckstellen, ehe Sie die Schraubzwingen ansetzen. Überquellenden Leim sofort mit einem feuchten Tuch abwischen. Nachdem der Leim abgebunden hat, arbeiten Sie die Korpusteile mit Raspel und Schleifpapier nach, bis alle Flächen glatt sind.

Für die Lok benötigen wir nun noch einen Kessel. Er besteht aus sieben aufeinandergeleimten Holzscheiben von 65 mm Durchmesser. Mit einer Lochsäge lassen sich die Scheiben problemlos herstellen. Ein dünner Rundstab, durch die Zentrumsbohrungen der Scheiben gesteckt, sorgt dafür, dass die Scheiben beim Zusammen-

Sind Korpus und Kessel verleimt, befestigt man die farbig gebeizten Teile (6). Zuletzt werden die Räder angeschraubt. Unterlegscheiben sorgen für einen reibungslosen Lauf (7)

pressen nicht gegeneinander verrutschen. Der fertige Kessel wird mithilfe der Kreissäge oder eines Abrichthobels so abgeflacht, dass eine Auflagefläche für die Befestigung auf dem Korpus entsteht.

Die Höhe des Kessels soll, von der Auflage gemessen, 55 mm betragen. Anschließend erhält der Kessel zwei Bohrungen für die Schornsteine. Dazu sollten Sie unbedingt den Bohrständer benutzen und den Kessel mit dem Maschinenschraubstock oder einer Zwinge sicher fixieren.

Nun werden die Dächer für die Lok und Waggons ausgesägt. Alle Kanten mit Raspel und Schleifpapier sanft abrunden. Dann schneiden Sie auch die Schornsteine, Zierleisten und Puffer zu. Diese Teile werden farbig gebeizt und lasiert, ehe man sie mit dem Korpus verleimt. Für die Herstellung der Räder kommt wieder die Lochsäge zum Einsatz. Für Lok und drei Waggons benötigen Sie insgesamt 18 Räder. Diese werden nach dem Aussägen sauber geschliffen. Die Kanten dabei leicht brechen. Anschließend färbt man sie mit Beize tiefschwarz ein.

Vor der Montage der Räder erfolgt die abschließende Oberflächenbehandlung. Sie können dazu Klarlack oder Lasur verwenden. Grundsätzlich sollten alle Produkte für die Oberflächenbehandlung speichelfest und ungiftig sein.

Die von der Lochsäge stammenden Zentrumsbohrungen in den Rädern dienen gleichzeitig zur Montage am Korpus. Die Positionen der Räder reißen Sie nach der Zeichnung an, um sie dann ein wenig vorzubohren. Nun lassen sich die als Achsen dienenden Schrauben leicht eindrehen. Der Akkuschrauber erleichtert diese Arbeit. Die hier verwendeten Messingschrauben haben einen glatten, vom Gewinde abgesetzten Schaft, auf dem die Räder leicht

laufen. Unterlegscheiben sorgen jeweils für die nötige Distanz zum Korpus. Eingeschraubte Ringösen bzw. gebogene Schraubhaken verbinden Lok und Waggons miteinander. Damit die überstehenden Dächer bei Kurvenfahrt des Zugs einen ausreichenden Einschlag ermöglichen, werden die in den Zeichnungen erkennbaren Pufferleisten als zusätzliche Distanzelemente eingesetzt.

Damit die Kinder den Zug auch hinter sich herziehen können, lässt sich zusätzlich vorne an der Lok eine weitere Ringöse eindrehen, an der Sie anschließend eine Schnur befestigen können.

Materialliste

Lok

Anzahl	Bezeichnung	Maße in mm	Material
3	Korpusplatten	220 x 130	Kiefernleimholz,
1	Dach	120 x 100	18 mm
7	Kesselscheiben	Ø 65	
6	Räder	Ø 50	
1	Schornstein	50 lang	Kiefer,
1	Schornstein	30 lang	Ø 20 mm
1	Kesselkappe	5 lang	
4	Puffer	5 lang	Kiefer, Ø 10 mm
1	Pufferleiste	54 lang	Kiefer, 10 x 20 mm
2	Zierleisten	190 lang	Kiefer, 10 x 5 mm

6 Linsenkopfschrauben Messing 5 x 50 mm; 6 U-Scheiben; 1 Ringöse 40 mm

Waggon

3	Korpusplatten	220 x 130	Kiefernleimholz,
1	Dach	260 x 100	18 mm
4	Räder	Ø 50 mm	
4	Puffer	5 lang	Kiefer Ø 10 mm
2	Pufferleisten	54 lang	Kiefer, 10 x 20 mm
2	Zierleisten	180 lang	Kiefer, 10 x 5 mm
2	Zierleisten	80 lang	

4 Linsenkopfschrauben Messing 5 x 50 mm; 4 U-Scheiben; 1 gebogener Schraubhaken 40 mm; 1 Ringöse 40 mm

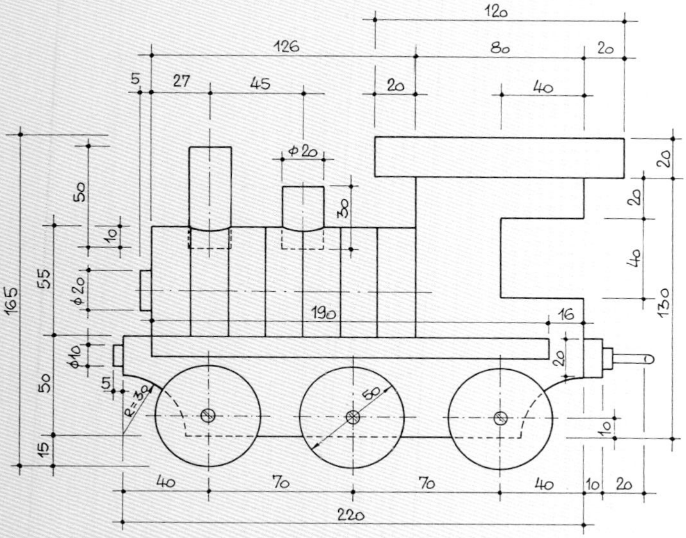

SEITENANSICHT LOK

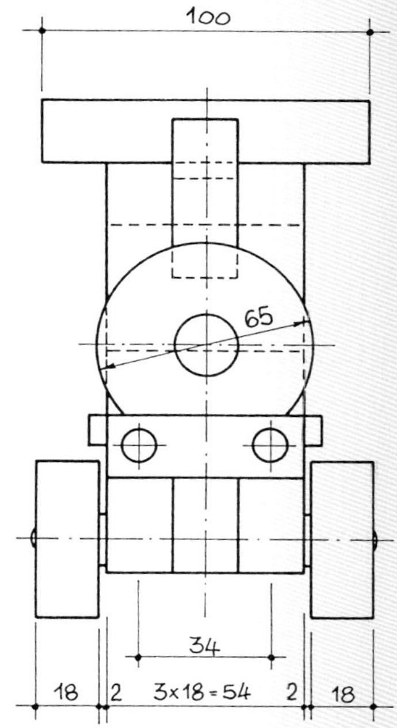

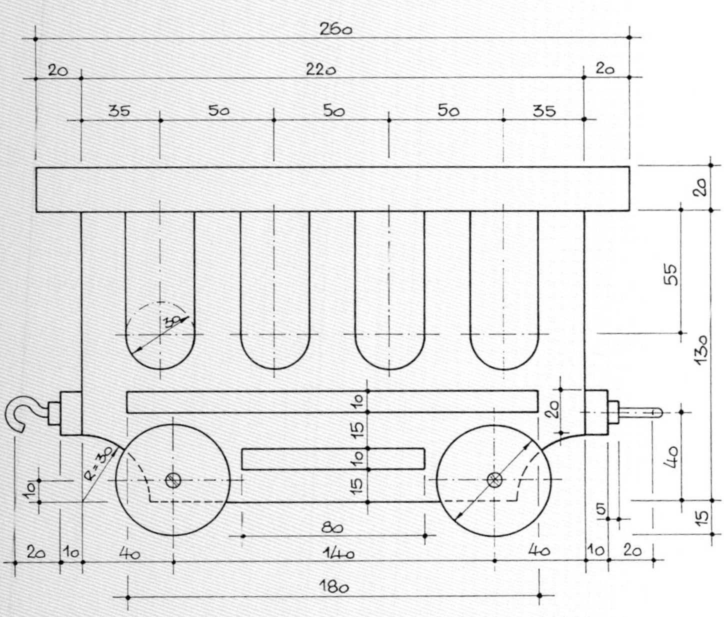

SEITENANSICHT WAGEN

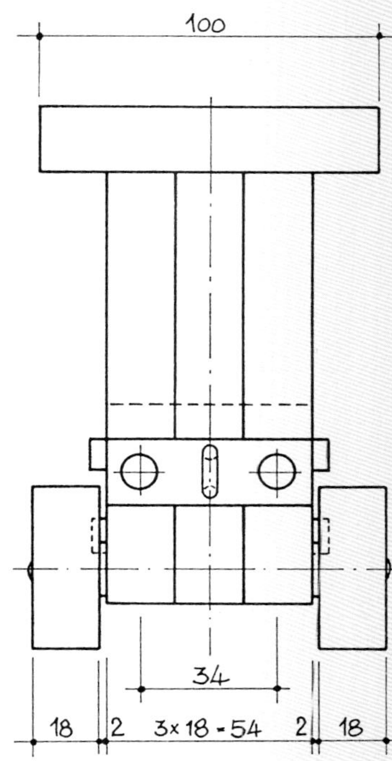

Mittelalterliche Ritterburg

Beim Anblick der prächtigen Ritterburg mit Zugbrücke, Turm und Wohntrakt – das Ganze umrahmt von mächtigen Zinnen – werden auch bei Erwachsenen Erinnerungen an glückliche Kindertage wieder wach

Die Ritterburg besteht aus nach einem Rastermaß gefertigten Elementen, die mithilfe eingesetzter Holzdübel einfach zusammengesteckt werden. Durch zusätzliche Mauerelemente lässt sich die hier gezeigte Burg auf Wunsch beliebig verändern oder vergrößern. Nach dem Spielen sind die Teile im Nu Platz sparend in einem Karton verstaut.

Man beginnt den Nachbau der Ritterburg am besten mit dem Mauerfüllstück und

Arbeitsschritte

1 Auf die zugeschnittenen Mauer- und Gebäudeteile zeichnen Sie die Zinnen auf und bohren zum leichteren Aussägen im Abfallholz vor

2 Am stationär aufgebauten Bandschleifer werden alle Sägekanten vor dem Zusammenbau der Elemente sorgfältig geglättet

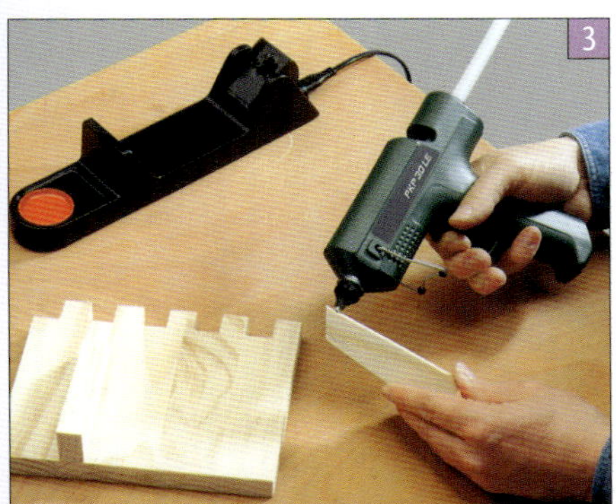

3 Mit der Heißklebepistole fügen Sie die Holzteile schnell und sicher zusammen. Zuletzt mit speichelfestem Klarlack behandeln

der Mauerecke. Das Mauerfüllstück ist 160 mm hoch und 200 mm breit. In die Oberkante werden fünf Zinnen von 20 x 20 mm eingesägt. An der rechten Seitenkante lässt man zwei 6-mm-Holzdübel ein, die später in entsprechende Bohrungen des nächsten Elements greifen, um die Einzelteile der Burg miteinander zu verbinden. Zwei auf die Vorderseite geklebte Mauerrippen geben dem Element Standfestigkeit. An der Innenseite wird ein Galerieboden aus Sperrholz in eine eingefräste Nut geleimt.

Die Mauerecke fügen Sie aus zwei Teilstücken so zusammen, dass die von außen gesehen linke Flanke 180 mm, die rechte 200 mm misst. Ansonsten gleicht der Aufbau dem des Mauerfüllstücks. Die Mauerecke wird bei dieser Bauversion als einziges Element zweimal benötigt. Die Maße der Eckflanken an der Mauerecke von 180 bzw. 200 mm tauchen gleichermaßen bei der Turmecke wie auch bei der Hausecke auf. Die Elemente können bei diesem Rastersystem beliebig angeordnet werden.

Wie die Arbeitsfotos beweisen, kann auch ein Anfänger die Ritterburg problemlos nachbauen. Wenn Sie sorgfältig arbeiten, lassen sich alle Leimholzteile mit der Stichsäge zuschneiden. Eine Tischkreissäge

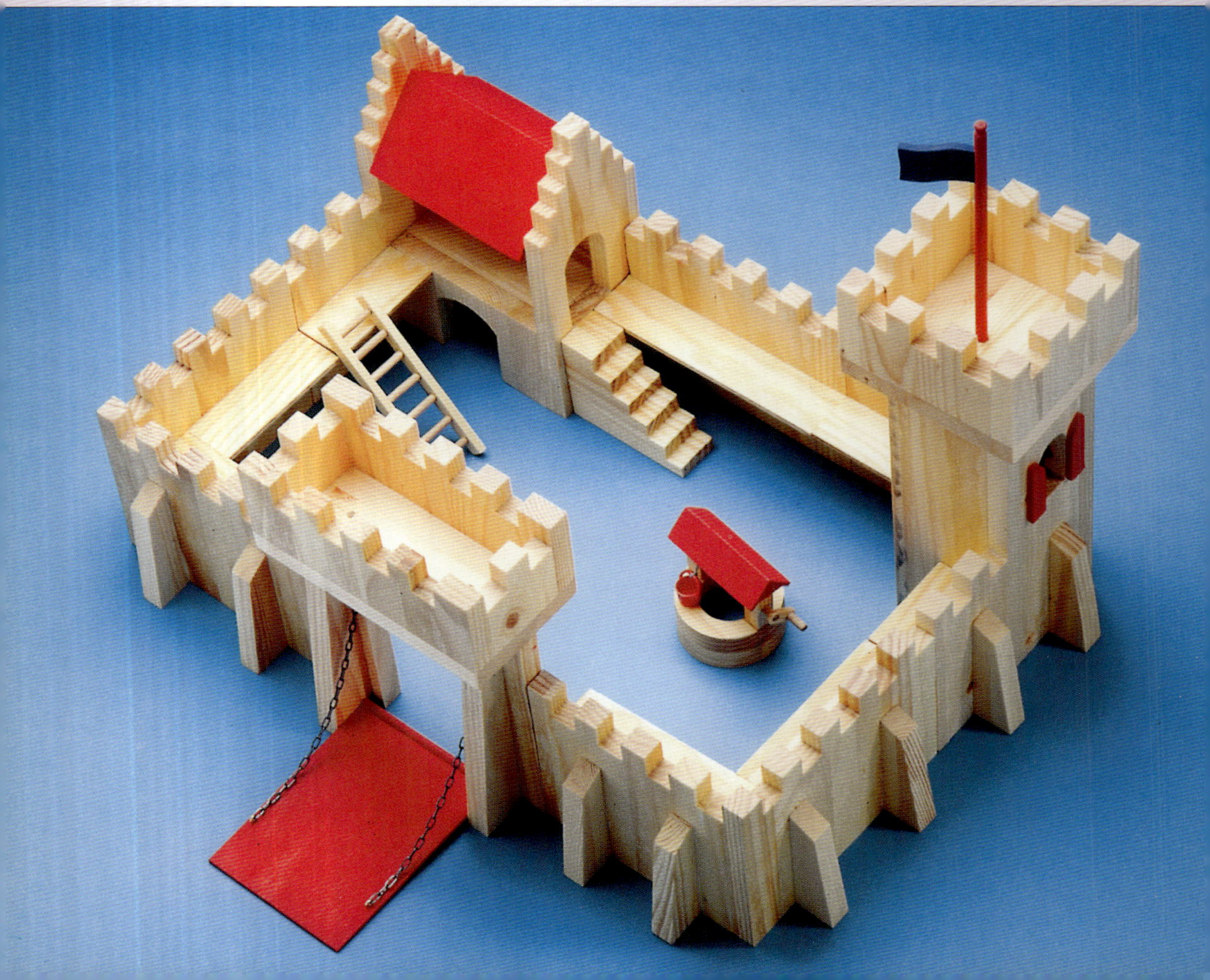

Der Blick in den Innenhof der Ritterburg: Treppe, Leiter und Brunnen machen die Ausstattung perfekt

Materialliste

Mauerfüllstück

Position	Anzahl	Bezeichnung	Maße in mm	Material
①	1	Mauerstück	200 x 160	Kiefernleimholz, 18 mm
②	2	Mauerrippen	110 x 30	
③	1	Galerieboden	200 x 50	Sperrholz, 6 mm

2 Holzdübel Ø 6 x 30 mm, Holzleim

Mauerecke

Position	Anzahl	Bezeichnung	Maße in mm	Material
①	1	Mauerstück	200 x 160	Kiefernleimholz, 18 mm
②	1	Mauerstück	162 x 160	
③	4	Mauerrippen	110 x 30	
④	1	Galerieboden	190 x 50	Sperrholz 6 mm
⑤	1	Galerieboden	121 x 50	

2 Holzdübel Ø 6 x 30 mm, Holzleim

Hausecke

Position	Anzahl	Bezeichnung	Maße in mm	Material
①	1	Außenmauer	280 x 200	Kieferleimholz, 18 mm
②	1	Außenmauer	175 x 144	
③	1	Innenmauer	280 x 100	
④	1	Innenmauer	144 x 90	
⑤	1	Boden	144 x 64	
⑥	4	Mauerrippen	110 x 30	
⑦	2	Dachhälften	144 x 85	Sperrholz, 6 mm
⑧	1	Galerieboden	100 x 50	
⑨	4	Schlagläden	60 x 15	
⑩	4	Dachauflager	50 x 6	

4 Holzdübel Ø 6 x 30 mm, Holzleim

erleichtert natürlich die Arbeit. Am stationär aufgebauten Bandschleifer werden die Sägekanten dann nachgearbeitet.
Zur Verbindung der Holzteile miteinander können Sie üblichen Weißleim verwenden. Besonders praktisch ist alternativ der Einsatz einer Heißklebepistole.
Da die Leimflächen ausreichend groß sind, genügt es, die aus Kiefernleimholz zugeschnittenen Teile stumpf miteinander zu verbinden.

Nach dem Verleimen werden die Teile noch einmal gründlich geschliffen.

Alle Kanten leicht brechen, damit sich später beim Spielen keine gefährlichen Splitter lösen können. Um die lebhafte Maserung des Kiefernholzes zu betonen, sollte die Oberfläche nach dem Bemalen der roten Teile farblos lackiert werden.

Sind alle Elemente hergestellt, vervollständigen als bewegliche Teile noch eine Treppe für die Hausecke, eine Leiter zum Anlegen an die Galerie und ein Ziehbrunnen für den Innenhof die Ausstattung der Ritterburg. Passende Figuren gibt es im Spielwarenhandel.

Materialliste

Turmecke

Position	Anzahl	Bezeichnung	Maße in mm	Material
①	1	Außenmauer	280 x 200	Kiefernleimholz, 18 mm
②	1	Außenmauer	280 x 162	
③	1	Innenmauer	280 x 82	
④	1	Innenmauer	280 x 64	
⑤	1	Turmboden	140 x 140	
⑥	2	Turmseiten	140 x 72	
⑦	2	Turmseiten	104 x 72	
⑧	4	Mauerrippen	110 x 30	
⑨	1	Galerieboden	100 x 50	Sperrholz, 6 mm
⑩	1	Galerieboden	80 x 50	
⑪	4	Schlagläden	60 x 15	

1 Fahnenstange Ø 8 x 210 mm lang; 1 Fahne, Sperrholz 6 mm dick, 50 x 35 mm; 2 Holzdübel Ø 6 x 30 mm; Holzleim

Zugbrücke

①	1	Mauer	200 x 200	Kiefernleimholz, 18 mm
②	1	Boden	200 x 100	
③	2	Galeriemauern	200 x 72	
④	2	Galeriemauern	72 x 64	
⑤	2	Mauerrippen	175 x 40	
⑥	1	Zugbrücke	155 x 121	Sperrholz, 4 mm
⑦	1	Achse	130 lang	Buche, Ø 8mm

2 Schraubösen, 2 Kettenbefestigungen; 2 Stücke Modellbaukette, ca. 215 mm lang; 4 Holzdübel Ø 6 x 30 mm; Holzleim

Ziehbrunnen

①	2	Brunnenringe	80/46	Kiefernleimholz, 18 mm
②	2	Stützen	42 lang	Kiefer, 14 x 14 mm
③	1	Firstleiste	90 lang	Dreikant, 18 x 18 mm
④	2	Dachhälften	90 x 25	Sperrholz, 4 mm
⑤	1	Exzenterlasche	25 x 10	
⑥	1	Fixierring	Ø 14/6	Kiefer, 5 mm
⑦	1	Achse	80 lang	Buche, Ø 6 mm
⑧	1	Kurbel	24 lang	

Holzleim

Treppe

Kiefernleimholz, 18 mm, 2 x 105 x 90 mm (Rohmaß)

Leiter

2 Holme, Kiefer 12 x 7 mm, 150 lang; 7 Sprossen, Buche Ø 6 x 36 mm

Mauerfüllstück

Mauerecke

Ziehbrunnen

Hausecke

Zugbrücke

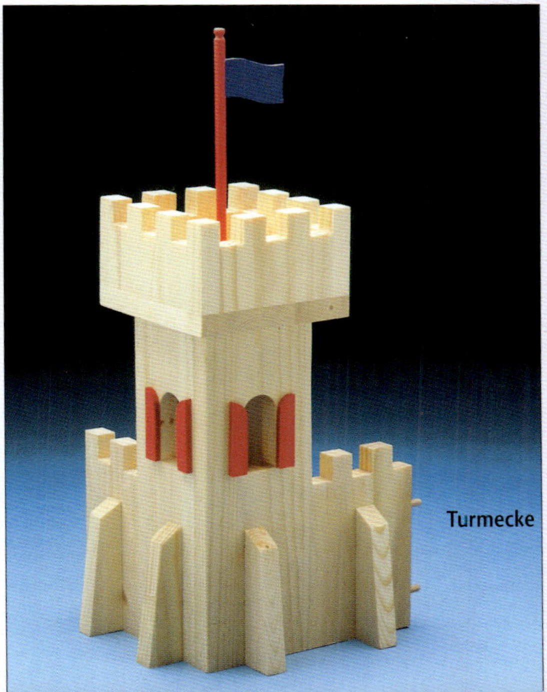

Turmecke

Abheben mit dem Dreidecker

Ist das nicht ein Spielzeug, von dem alle Kinder träumen? Man kann sich richtig auf den schicken Flieger setzen, mit dem Rad im Rumpf den Propeller wirbeln lassen und dann abheben ...

Außer den Tragflächen- und Leitwerkstreben bestehen alle Teile aus Kiefernleimholz, das Sie in in verschiedenen Plattenformaten bekommen. Für den Dreidecker reichen kleine Regalbretter von 300 x 600 mm, die sich leicht transportieren lassen und aus denen man mit wenig Verschnitt die benötigten Teile heraussägen kann – ein verhältnismäßig preiswertes Spielzeug. Die Rohmaße finden Sie in der Materialliste, die Umrisse ergeben sich aus den Bauzeichnungen auf Seite 65–67.

Zunächst reißt man sich die Teile der Positionen 1–13 so an, dass beim Plattenmaterial möglichst wenig Verschnitt anfällt. Zum Sägen der langen Schnitte kann eine Tischkreissäge eingesetzt werden. Es ist aber ebenso problemlos möglich, alle Schnitte mit der Stichsäge (feines Sägeblatt) vorzunehmen. Bei ruhigem und präzisen Vorschub erzielen Sie auch mit diesem Werkzeug exakte Ergebnisse.

Die beiden Rumpfflächen zeichnet man zunächst nur auf, um dann – wie in Bild 1 gezeigt – den Kanal für die Propellerachse zu fräsen. Die Oberfräse wird dabei mit dem Parallelanschlag an der Plattenkante geführt. Da die Achse in einem Röhrchen von mindestens 6,5 mm Innendurchmesser laufen soll, sind in die Rumpfhälften zwei entsprechende Kanalhälften zu fräsen, in die man später das Röhrchen ohne zu großes Spiel einleimen kann. Man kann dazu einen passenden Falz- oder Viertelstabfräser einsetzen.

Am hinteren Ende der Rumpfhälften wird an den Innenseiten jeweils ein 20 mm breiter und 9 mm tiefer Falz gefräst. In den so enstehenden Schlitz wird später das Seitenleitwerk eingeleimt.

Arbeitsschritte

1 Bevor Sie die auf die Leimholzplatte übertragenen Konturen der Rumpfhälften aussägen, werden die Aussparungen für die Propellerachse gefräst (1). Nun können Sie die Rumpfhälften miteinander verleimen. Zulagen verteilen den Anpressdruck und schützen das Werkstück (2)

3 Mithilfe eines Bohrständers stellen Sie die Löcher für die Tragflächenstreben her. Ein untergelegtes Stück Abfallholz sorgt für saubere Bohrungen

Mithilfe der Rasterzeichnung lassen sich die Umrisse des Seitenleitwerks auf Originalgröße übertragen. Mit der Stichsäge ausschneiden

Vor dem Beizen der Tragflächen- und Leitwerkstreben werden die später sichtbaren Enden der Rundhölzer mit Klebestreifen überklebt

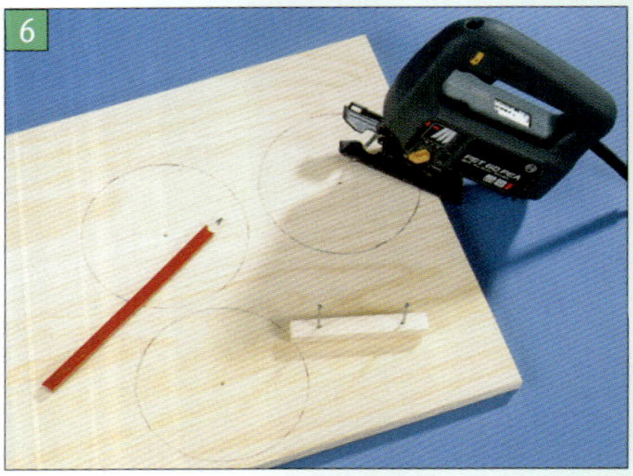

Die vier Radscheiben mithilfe eines Zirkels, bestehend aus einer Leiste und zwei Nägeln, anreißen. Dann mit der Stichsäge ausschneiden

Die Tragflächenteile sowie die Höhenleitwerke werden im nächsten Arbeitsschritt mit den Bohrungen für die Streben versehen. Die Positionen der Bohrlöcher ergeben sich aus den Zeichnungen. Nach diesen Vorbereitungen schneidet man nach der Rasterzeichnung das Seitenleitwerk aus.

Die Tragflächen- und Leitwerkstreben werden abgelängt und rot gebeizt. Da die durchgesteckten Strebenenden später auf der oberen Tragfläche sichtbar sein werden, klebt man sie an einer Seite mit Klebefilm ab, damit sie in diesem Bereich keine Beize annehmen. Die Räder bestehen aus je zwei Radscheiben, die man aufeinanderleimt und ebenfalls rot beizt.

Bleibt noch der Propeller zu formen. Ausgangsmaterial ist eine Leiste von 370 x 45 mm, die man zur Mitte hin auf eine Breite von 20 mm verjüngt. Dann geht es

7

8

Vor dem Zusammenbau alle Flächen schleifen und die Kanten der Werkstücke brechen (7). Zum Schneiden der Gewinde für die Hutmuttern spannen Sie die Aluminiumachse in den Schraubstock (8)

9

10

Die Grundform des Propellers erst aussägen, dann die Abschrägungen raspeln und mit dem Schwingschleifer nacharbeiten (9). Bei der Radmontage halten U-Scheiben Distanz zum Fahrwerk (10)

Materialliste

Position	Anzahl	Bezeichnung	Maße in mm	Material
①	2	Rumpfhälften	600 x 139	Kiefernleimholz, 18 mm
②	2	Aufdoppelungen	139 x 30	
③	1	Seitenleitwerk	290 x 170	
④	2	Tragflächen	600 x 125	
⑤	2	Tragflächen	270 x 125	
⑥	1	Rückwand	230 x 125	
⑦	1	Höhenleitwerk	240 x 130	
⑧	1	Höhenleitwerk	230 x 130	
⑨	1	Propellerrad	Ø 80	
⑩	1	Propeller	370 x 45	
⑪	2	Fahrwerkteile	360 x 95	
⑫	2	Fahrwerkteile	114 x 95	
⑬	4	Radscheiben	Ø 146	
⑭	6	Tragflächenstreben	260	Kiefer, Ø 14 mm
⑮	4	Leitwerkstreben	170	

1 Gewindestab, M6 x 300 mm (Propellerachse); 1 Sechskantmutter M6; 1 Kupferröhrchen, 245 mm lang, Innendurchmesser mind. 6,5 mm; 1 Alu-Rundstab, Ø 8 mm, 461 mm lang; 2 Hutmuttern M8, DIN 917, niedrige Form; 4 U-Scheiben für M8; Dübelholz Ø 10 mm; 1 Lenkrolle, Einbauhöhe 70 mm; 1 Holzkeil, 30 x 30 mm, 11 Grad; Spanplattenschrauben; Holzleim

Damit der Dreidecker sich flexibel bewegen kann, wird hinten eine kleine Lenkrolle montiert

mit der Raspel ans Werk, um die Abschrägung der Propellerhälften herauszuarbeiten.

Die gewünschten Konturen sehen Sie in der Zeichnung der Seitenansicht sowie in der Draufsicht. Ist die Form grob vorbereitet, rundet man die Ecken und glättet die Flächen erst mit grobem und dann mit immer feinerem Schleifpapier. Ein Schwingschleifer erleichtert die Feinarbeit.

Auch der Propeller und das dazugehörige Propellerrad werden rot gebeizt. Ehe es ans weitere Zusammenbauen der Einzelteile geht, heißt es noch einmal: Alle Sägeschnitte sorgfältig glätten und die scharfen Kanten brechen. Auch hier kommen für die Vorarbeit Raspel und grobes Schleifpapier zum Einsatz. An allen größeren Flächen erleichtert der Schwingschleifer wiederum die Feinarbeit.

Nun folgt der eigentliche Zusammenbau. Zuerst setzt man die untere Tragfläche in die entsprechende Aussparung des Rumpfes. Leim und Holzschrauben sorgen für eine feste Verbindung. Die Tragflächenstreben leimt man zuerst bündig in die obere Tragfläche ein und schiebt dann die beiden Hälften der Tragflächen auf. Vorher an die späteren Positionen und die Auflagen am Rumpf etwas Leim geben. Überschüssigen Leim sofort abwischen, wenn die Tragflächenhälften korrekt sitzen.

Im nächsten Schritt werden die Tragflächenstreben in die untere Tragfläche geleimt. Der Dreidecker hat damit im vorderen Bereich bereits Gestalt angenommen. Hinten muss zunächst noch das Seitenleitwerk in den entsprechenden Schlitz des Rumpfes geleimt werden.

Sodann kann man das als Sitzfläche dienende Höhenleitwerk sowie die Rückwand mit dem Rumpf bzw. dem Seitenleitwerk verleimen und verschrauben. Damit die verwendeten selbstschneidenden Holzschrauben nicht sichtbar bleiben, zuerst jeweils eine etwa 10 mm tiefe Bohrung von 10 mm Durchmesser vorbereiten und in diese Löcher die Schrauben drehen. Anschließend verschließt man die Löcher mit Dübelhölzern. Die Verbindung von oberem und unterem Höhenleitwerk mit den Leitwerkstreben erfolgt sinngemäß wie bei den Tragflächen.

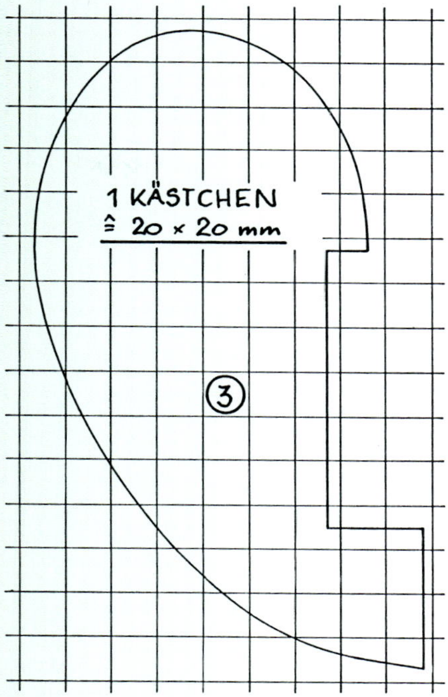

Mithilfe des Rasters lässt sich die Zeichnung problemlos vergrößern

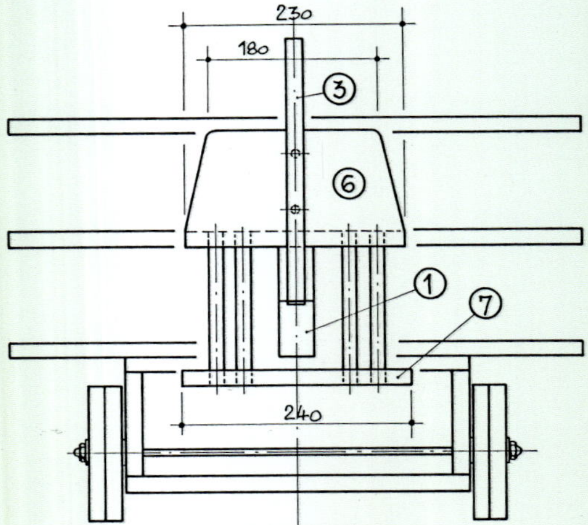

ANSICHT VON HINTEN

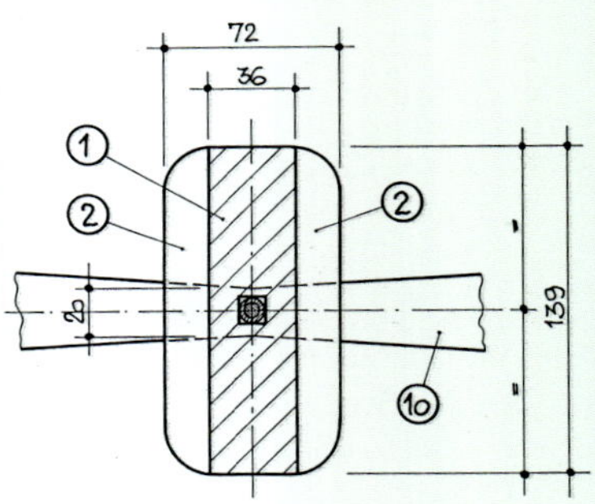

SCHNITT A÷A

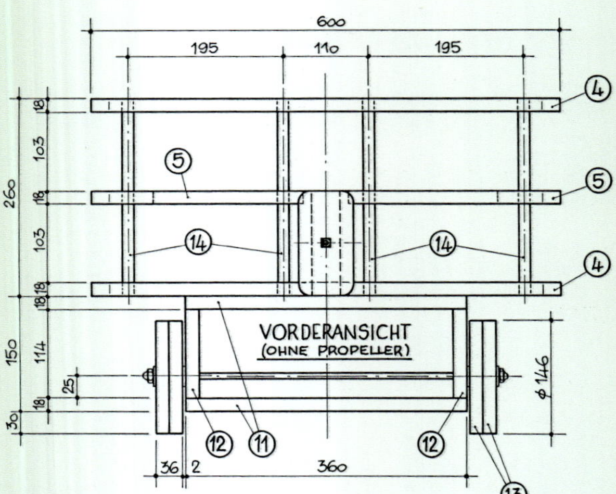

Bleibt noch, das Fahrwerk unter der unteren Tragfläche zu befestigen. Hier sind die Teile stumpf miteinander verleimt und verschraubt. Für die Aufnahme der Achse weisen die senkrechten Teile 8-mm-Bohrungen auf. Fest aufgedrehte Hutmuttern sichern die Achse auf beiden Seiten. Am besten schneidet man das erforderliche M8-Gewinde zunächst auf eine Seite der Achse, schiebt U-Scheiben und ein Rad auf und steckt die Achse dann durch das Fahrwerk. Nun auch auf der anderen Seite U-Scheiben und Rad aufschieben, und erst dann die exakte Länge der Achse anreißen. Die Achse ablängen, mit dem zweiten Gewinde versehen und dann die Räder endgültig montieren.

Hinten ruht der Dreidecker auf einer Lenkrolle. Man kann diese Rolle – wie im Foto zu sehen – einfach mit ihrer Befestigungsachse durch das untere Höhenleitwerk stecken. Besser ist es allerdings – wie in der Zeichnung der Seitenansicht dargestellt – einen Holzkeil von 30 x 30 mm und etwa 11 Grad Neigung dazwischenzuleimen. Dann steht die Befestigungsachse nämlich senkrecht, wenn das Rad den Boden berührt. Es lässt sich leichter lenken.

Der Propeller und das Propellerrad sind durch die Propellerachse miteinander verbunden. Beide Teile werden vorgebohrt, dann dreht man den Propeller auf den Gewindestab und fixiert ihn vorne mit einer Mutter. Ins Bohrloch des Rads gibt man etwas Leim, bevor man die Achse dann in den Rumpf einführt und in das Propellerrad eindreht.

Die Oberfläche des Holzes schützen Sie am besten durch einen Überzug mit einem für Spielzeuge geeigneten ungiftigen Klarlack.

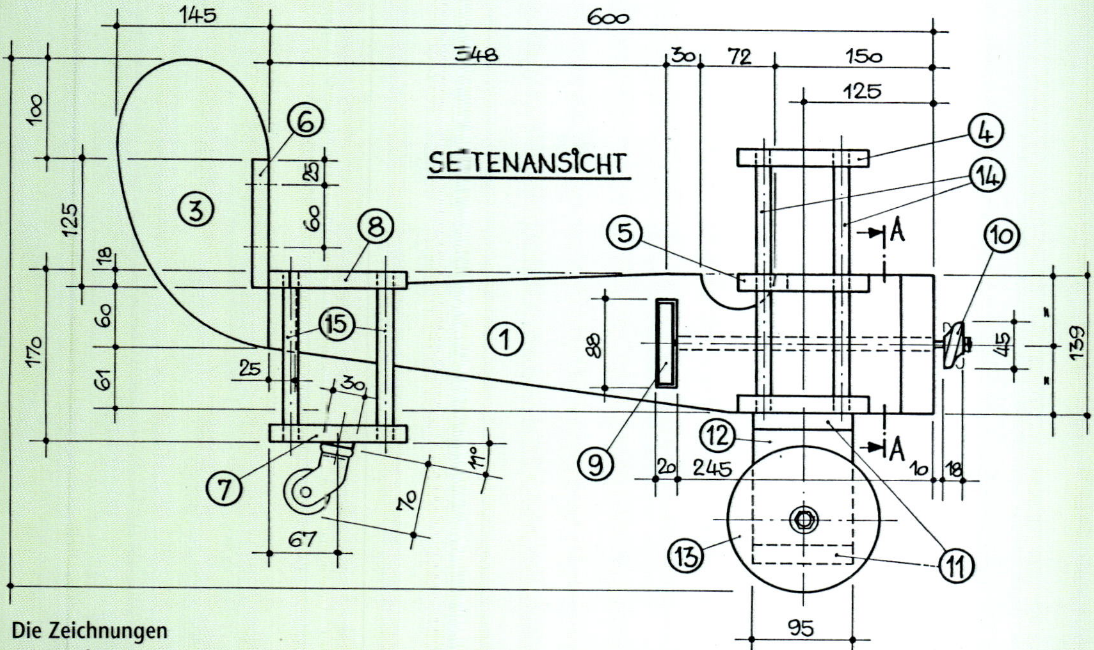

Die Zeichnungen zeigen den Dreidecker von allen Seiten. Schnitt A/A bildet den Propeller im Detail ab

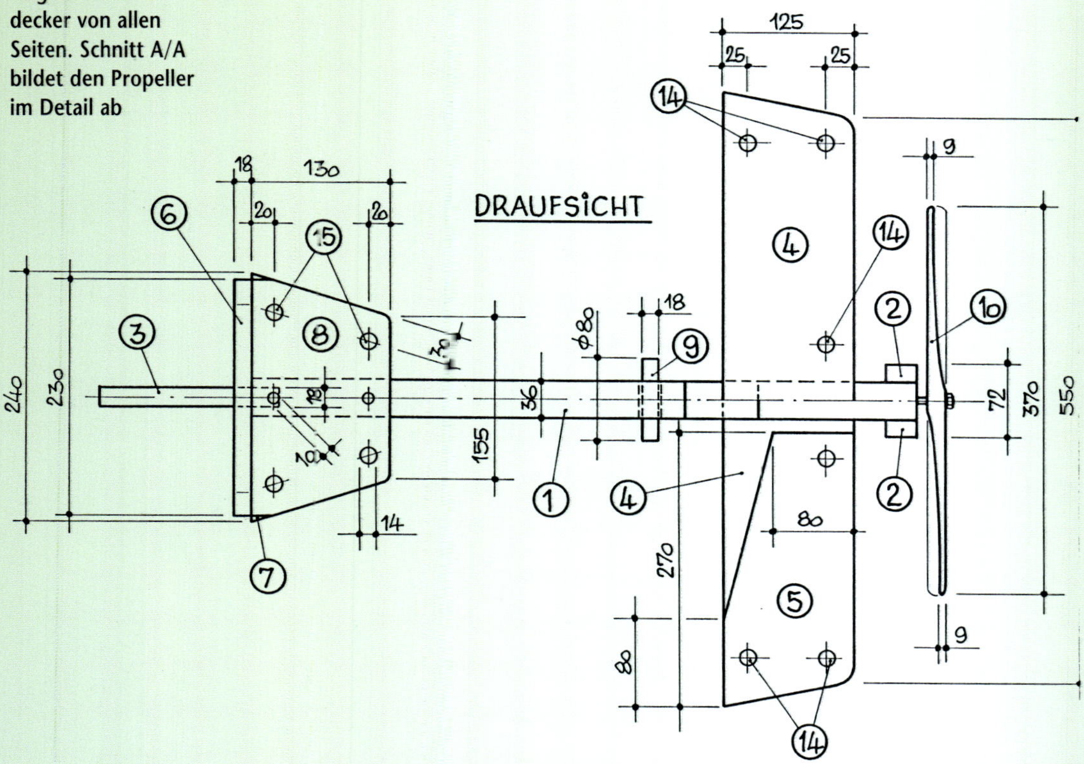

Nostalgischer Puppenwagen

Ein robuster Puppenwagen gehört nach wie vor zu den beliebtesten Spielzeugen. Für unseren Bauvorschlag werden übliche Regalbretter aus Kiefernholz benutzt

Aus fünf Brettern von 250 x 600 mm lassen sich alle Teile des Puppenwagens herausschneiden. Zum Zuschneiden der Einzelteile brauchen Sie weder eine Tischkreissäge noch eine Handkreissäge zur Führung.

Arbeitsschritte

1 Alle Einzelteile – hier die Scheibenräder – können mit der Stichsäge ausgeschnitten werden. Eine Leiste mit zwei Nägeln dient zum Anreißen der Kreise (1). Die Seiten erhalten 10 mm tiefe Sacklöcher, durch die man selbstschneidende Verbindungsschrauben dreht (2)

2

3 Die Detailaufnahme zeigt die Verbindung: Nachdem die Schrauben eingedreht sind, werden die Löcher durch Dübelhölzer geschlossen

Zum Schneiden der Gewinde werden die Alustäbe unter Verwendung von Hartholzzulagen im Schraubstock festgespannt

Das Montieren der Räder: Unterlegscheiben zwischen Holzrädern und Korpus sorgen für freien Lauf. Zuletzt die Hutmuttern festziehen

Wenn Sie ein scharfes Sägeblatt benutzen und sorgfältig arbeiten, kommen Sie auch mit der elektrischen Stichsäge durchaus zurecht. Am besten übertragen Sie die Umrisse der Teile nach Maßgabe unserer Zeichnungen mit kräftigen Bleistiftstrichen so auf das Leimholz, dass die Maße genau stimmen, wenn Sie die Striche „weggesägt" haben. Wie die Zeichnung auf Seite 71 zeigt, entsprechen die bogenförmigen Ausschnitte einem Kreis mit einem Radius von 275 mm. Da die Ausschnitte 60 mm tief sind, liegt der Kreismittelpunkt 215 mm über einer auf Rohmaß zugeschnittenen Seitenwand. Der Kreis lässt sich leicht mit einem an einer Schnur befestigten Bleistift schlagen. Vor dem Zusammenbau werden die Kanten der Einzelteile mit Schwing- oder Bandschleifer geglättet.

Sind die Seitenteile vorbereitet, werden Stirnseiten und Bodenplatte zunächst auf Rohmaß zugeschnitten und probeweise zwischen die Seiten gefügt. Nun lassen sich die schrägen Kanten an Stirnseiten und Bodenplatte anreißen. Um sie passend zu sägen, wird das Sägeblatt der Kreissäge bzw. die Fußplatte der Stichsäge entsprechend eingestellt.

Verschrauben und verleimen Sie anschließend die Stirnseiten sowie die Bodenplatte des Puppenwagens mit den Seiten. Damit die verwendeten Spanplattenschrauben nicht zu sehen sind, werden sie in 10 mm tiefe Sacklöcher gesetzt, die man später mit Dübelhölzern verschließt. Der Schnitt C-C zeigt dieses Detail.

Wo die Seitenwände im Randbereich angebohrt werden müssen, haben wir 8-mm-Löcher, für die vom Rand abgesetzten Verbindungsstellen mit der Bodenplatte 14-mm-Löcher gewählt.

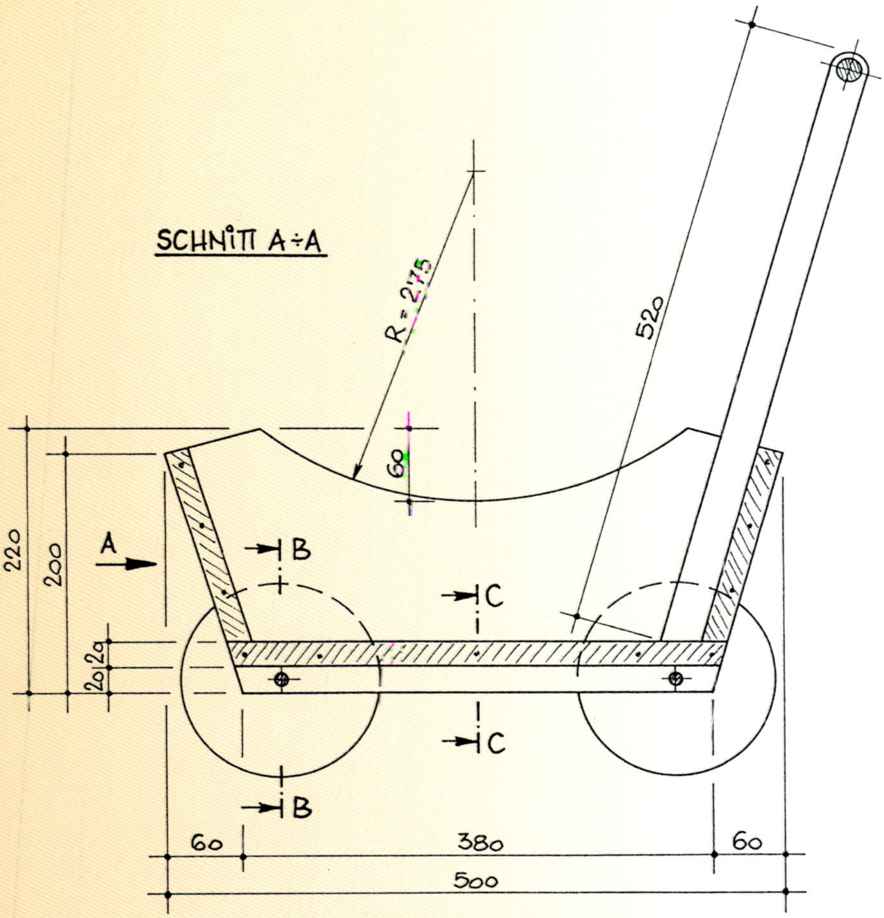

Der Puppenwagen im Querschnitt. Die Bögen an den Seitenwänden zeichnen Sie mithilfe von Nagel, Schnur und Bleistift an

Materialliste

Anzahl	Bezeichnung	Maße in mm	Material
2	Seitenwände	500 x 220	Kiefernleimholz, 18 mm
2	Stirnwände	240 x 175*)	
1	Bodenplatte	240 x 410*)	
2	Griffleisten	520 x 40	
4	Räder	Ø 160 mm	
1	Griffstange	240 lang	Kiefer, Ø 30 mm

2 Alu-Rundstäbe Ø 8 mm, 341 mm lang; 22 Spanplattenschrauben 5 x 50 mm; 8 U-Scheiben für M8; 4 Hutmuttern für M8, DIN 917, niedrige Form; Dübelholz 8 mm und 14 mm
*) = Rohmaße

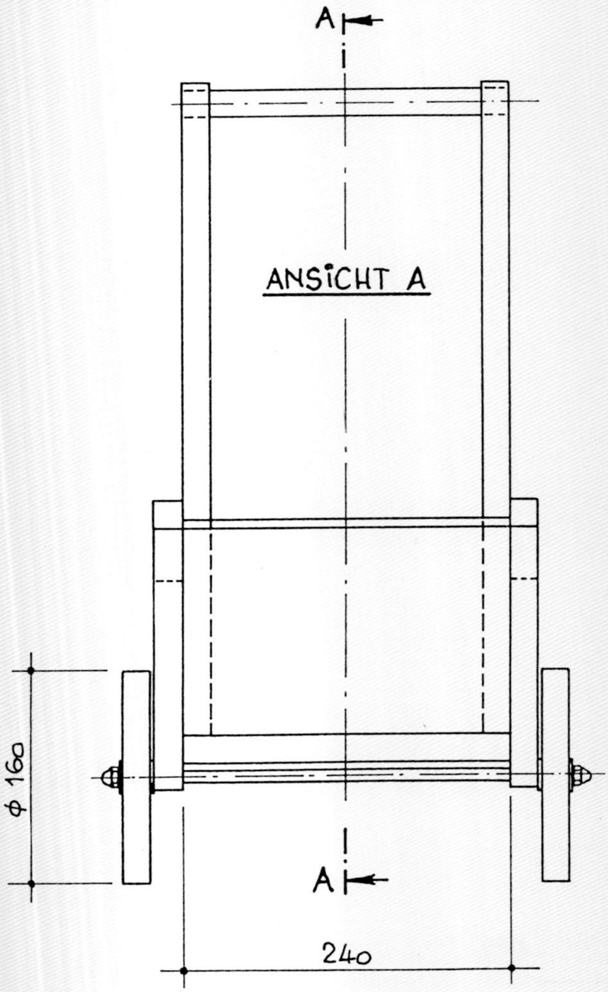

Ist der Korpus fertiggestellt, werden die beiden Griffleisten abgelängt und an der Unterseite schräg zugeschnitten. Um die Löcher für die Griffstange zu bohren, benötigt man einen Bohrständer und einen 30-mm-Forstnerbohrer. Nachdem Sie beide Teile durchbohrt haben, werden die oberen Enden mit Raspel und Schleifklotz gerundet. Dann die Griffstange einleimen und das Ganze mit dem Korpus verbinden. Leim und je zwei Spanplattenschrauben fixieren die Griffleisten.

Zum Ausschneiden der vier Scheibenräder wird die Stichsäge mit einem speziellen Kurvensägeblatt bestückt. Zur Aufnahme der Achsen erhalten die Räder und die Seitenwände Bohrungen von 8 mm Durchmesser. Als Achsen dienen 8 mm dicke Alu-Rundstäbe. Dieses Material ist ausreichend stabil, läuft mit geringer Reibung und lässt sich leicht mit einem Gewinde versehen. Am besten schneiden Sie die beiden Achsen zunächst mit etwas Längenzugabe zu.

Schneiden Sie auf einer Seite der Achse das Gewinde so weit, dass eine Hutmutter fest aufgedreht werden kann. Schieben Sie dann ein Rad mit U-Scheiben auf, stecken Sie die Achse durch die Seitenwände, und schieben Sie auch auf der anderen Seite Rad und U-Scheiben auf. Nun können Sie markieren, wo die Achse abgelängt und mit dem zweiten Gewinde versehen werden muss. Geringe Differenzen, die beim Zuschneiden der Holzteile entstanden sein können, werden so berücksichtigt.

Für den Gewindeschneider, der beim Herstellen der Achsen gebraucht wird, gibt es Einsätze für unterschiedliche Gwindestärken

Sind die Hutmuttern jeweils an beiden Enden der Achsen fest aufgedreht, muss zwischen U-Scheiben und Rädern ausreichend Spiel bleiben, ohne dass die Räder

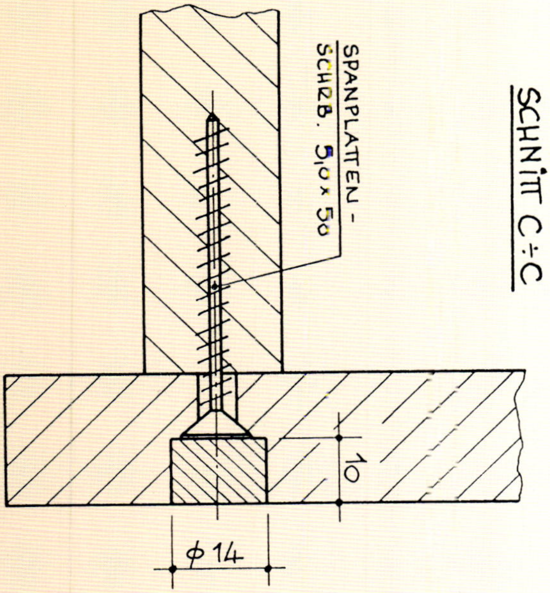

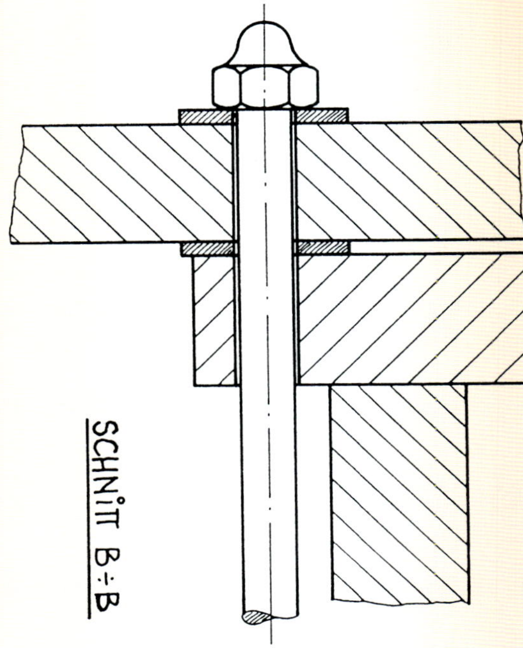

wackeln. Der Schnitt B-B zeigt die Achsenkonstruktion im Detail. Alternativ können Sie auch Achsen aus Buchenholz-Rundstäben verwenden, die Sie in die Radscheiben einleimen. Haltbarer sind aber Alu-Achsen. Wird mit dem Puppenwagen häufig im Freien gespielt, können sich die Laufflächen der Holzräder leicht abnutzen. In diesem Fall empfiehlt sich die Montage fertig gekaufter Spielzeugräder mit Laufflächen aus Hartgummi.

Die Oberfläche des Puppenwagens haben wir farblos gewachst. Diese Behandlung macht am wenigsten Arbeit und gibt dem Holz einen besonders warmen Ton, eignet sich jedoch nicht, wenn das Spielzeug gelegentliche Regennächte im Garten überstehen soll. In diesem Fall hilft nur eine fachgerecht aufgebaute Lackierung mit – natürlich giftfreien und speichelechten – Klar- oder Buntlacken.

Meister Petz schläft in der Teddywiege

Ist das nicht der ideale Schlafplatz für den Teddybär Ihrer Kinder? Auch die Lieblingspuppe fühlt sich in der Wiege wohl

Zuerst werden Bodenplatte und Seitenwände zugeschnitten. Arbeiten Sie mit einer Kreissäge oder der elektrischen Stichsäge, die mit einem extrafeinen Sägeblatt bestückt wird. Die Teile so anreißen, dass die Endmaße stimmen, wenn der Strich „weggesägt" wird. Die Unterkanten der Seitenwände müssen Sie leicht anschrägen. Die geschweifte Form von Kopfwand, Fußwand und Kufen übertra-

gen Sie mithilfe der Rasterzeichnung aufs Leimholz. Ein Kästchen misst in Originalgröße 50 x 50 mm. Zeichnen Sie also ein solches Raster auf die Leimholzplatten. Anschließend mit der Stichsäge ausschneiden. Dabei sollten Sie ein schmales Kurvensägeblatt benutzen.

Bevor es an den Zusammenbau der Teile geht, werden alle Kanten mit dem Schleifklotz und mittelfeinem Schleifpapier (180er Körnung) sorgfältig geglättet. Die Bodenplatte erhält zur Verzierung noch eine umlaufende Profilierung. Wer eine Oberfräse besitzt, kann die Kanten damit leicht bearbeiten. Alternativ schneidet man die Platte in Länge und Breite um je 20 mm kleiner zu und leimt eine 10 mm dicke profilierte Leiste auf die Kanten.

Zuerst verleimt man die Seitenwände mit Kopf- und Fußteil. Zur Verstärkung am besten in jede Leimfläche 3–4 Holzdübel von 6 mm Durchmesser einbohren.

Die Bodenplatte wird dann von unten mit den Wänden verleimt und verschraubt. Die Kufen mit je zwei von oben eingedrehten Schrauben befestigen. Zuletzt die Holzoberfläche mit Klarlack oder Leinöl behandeln. Nur ungiftige und speichelfeste Produkte verwenden.

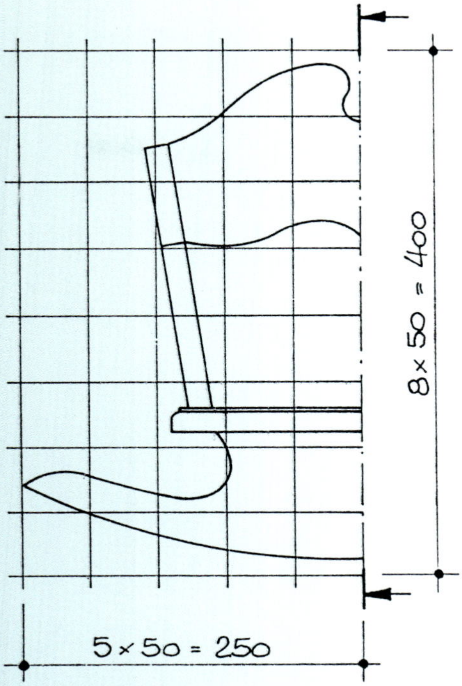

Die Rasterzeichnung sollte mit einem weichen Bleistift auf das Holz übertragen werden. Ein Kästchen misst im Original 50 x 50 mm. Anschließend werden die Umrisse der Wiege Kästchen für Kästchen nachgezeichnet. Mit der Stichsäge, in die ein schmales Kurvensägeblatt eingesetzt wurde, sägt man dann die Teile aus

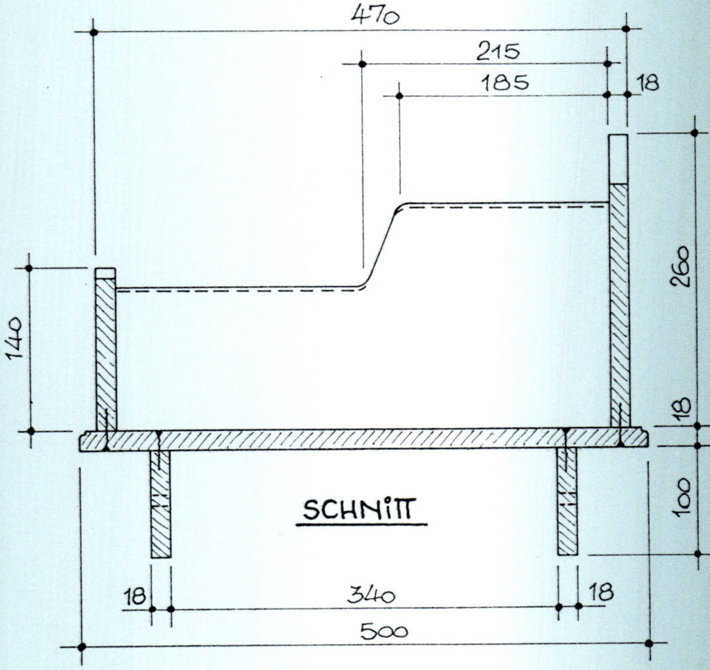

Materialliste

Position 1: 1 Bodenplatte 500 x 280 mm
Position 2: 2 Seitenwände 470 x 200 mm
Position 3: 1 Kopfwand 260 x 280 mm
Position 4: 1 Fußwand 140 x 258 mm
Position 5: 2 Kufen 500 x 100 mm

Alle Teile werden aus 18 mm dickem Fichtenleimholz angefertigt.

Unterwegs mit dem Mississippi-Dampfer

Schiff ahoi! Dieses Holzmodell eines Mississippi-Dampfers wird sicher zum Lieblingsspielzeug Ihrer Kinder

Aus Kiefernleimholz, einigen Sperrholzteilen und feinen Rundstäben haben Sie das prächtige Modell im Nu nachgebaut. Um seinen Auftrieb zu verbessern, kann man eine dünne Styroporlage unter die Rumpfplatte kleben oder den Rumpf aus extra leichtem Balsaholz herstellen.

Die Rumpfplatte

Zuerst reißen Sie die Umrisse der Rumpfplatte (1) auf einem 120 mm breiten Brettchen an. Den halbkreisförmigen Bug des Dampfers markieren Sie mit dem Zirkel. Am Heck entsteht eine U-förmige Aussparung von 60 mm Breite und 65 mm Tiefe. Hier findet das zwischen zwei Gummistreifen eingeklemmte Schaufelrad Platz. 20 mm vom Heck entfernt erhalten die Flanken 5-mm-Bohrungen, durch die man die Gummis hindurchführt.

Die Deckaufbauten

Im nächsten Arbeitsschritt geht es an die Herstellung der Bohrungen für die Deckaufbauten und die beiden Schornsteine (s. Materialliste Position 9) des Dampfers. Seitlich werden die Positionen der senkrechten Sprossen (10) mit 23, vorne mit 26 mm Abstand angerissen. In gleichen Abständen müssen Sie auch das Oberdeck (5) und die Reling (8) aus Sperrholz durchbohren.

Nun fügen Sie die vier Wände der Kabine (3, 4) zusammen und leimen sie auf die Rumpfplatte (1). Anschließend können die mit Oberdeck und Reling verbundenen Sprossen in die vier Bohrungen geleimt und die Schornsteine eingesteckt werden. Mit dem Ruderhaus (6, 7) und den beiden Fahnen ist der Aufbau des Mississippi-Dampfers dann komplett.

Arbeitsschritte

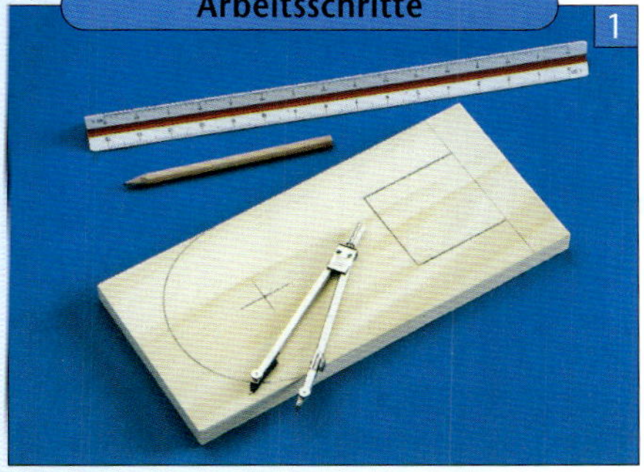

1 Die Rumpfplatte wird auf Breite gesägt, ehe man die Aussparungen anreißt

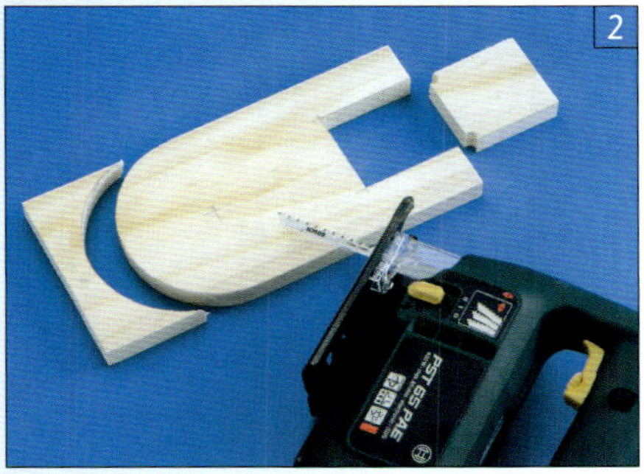

2 Mit der Stichsäge schneiden Sie den Rumpf aus. Innenecken vorher durchbohren

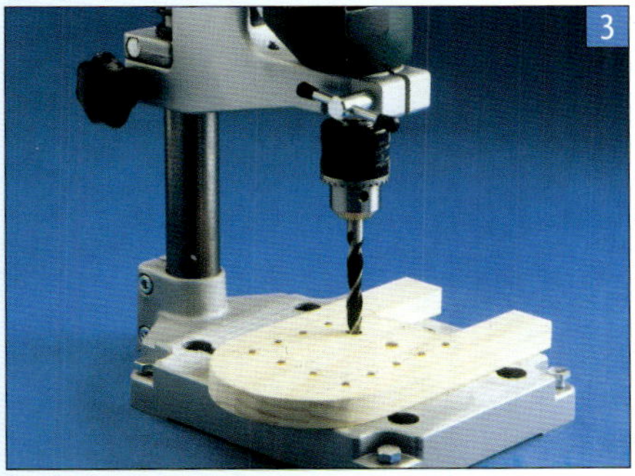

3 Mithilfe des Bohrständers werden die Aufbauten hergestellt

4 Mit wasserfestem Klarlack wird der Dampfer nach der Fertigstellung sorgfältig versiegelt

Der Mississippi-Dampfer in Rück- und Vorderansicht. Jetzt kann er vom Stapel laufen

Das Schaufelrad

Die beiden Schaufelradteile werden jeweils mittig in Materialstärke halb eingesägt, um sie dann zu einem Kreuz zusammenstecken zu können. Wasserfester Leim gibt den Verbindungsstellen Halt. Das etwa 4 mm breite Gummiband können Sie beispielsweise aus einem alten Fahrradschlauch zuschneiden.
Es wird über das Kreuz des Schaufelrads geführt und mit Heftzwecken am Rumpf befestigt. Durch Drehen des Rads lässt sich der Gummiantrieb vorspannen.

Materialliste

Position	Anzahl	Bezeichnung	Maße in mm	Material
①	1	Rumpfplatte	205 x 120	Kiefernleimholz, 18 mm
②	2	Schaufelradteile	80 x 45	Kiefernsperrholz, 4 mm
③	2	Kabinenwände	108 x 39	
④	2	Kabinenwände	52 x 39	
⑤	1	Oberdeck	129 x 92	
⑥	3	Ruderhauswände	39 x 30	
⑦	1	Ruderhausdach	48 x 40	
⑧	1	Reling	129 x 92*)	
⑨	2	Schornsteine	100 lang	Buche, Ø 18 mm und 10 mm lang;
⑩	12	Sprossen	75 lang	Buche, Ø 6 mm

Fahnen: 2 Rundstäbe, Ø 3 x 33 mm lang, 2 Fahnen, 19 x 12 mm, 2 mm dick;
Gummibänder; 4 Heftzwecken; Holzleim
*) = Rohmaß, die Reling muss umlaufend 16 mm breit sein

So wird der Mississippi-Dampfer zusammengebaut. Das Schaufelrad wird mit einem eingespannten Gummiband betrieben

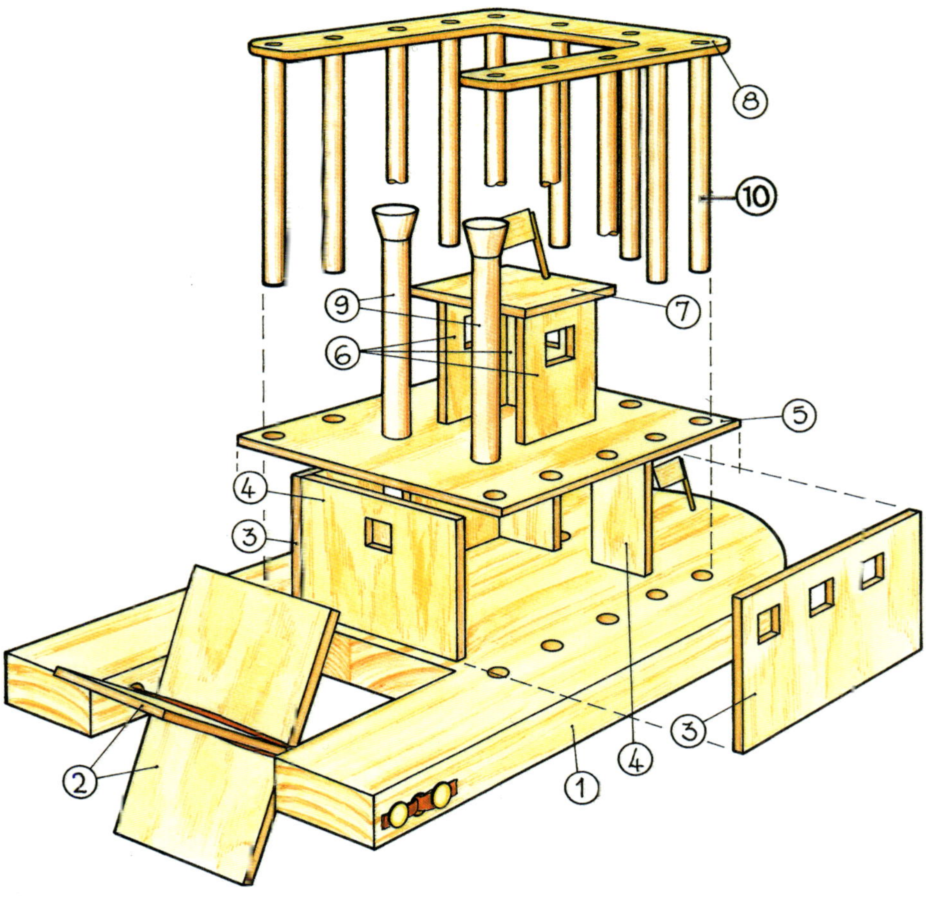

Kunterbunter Kinderstuhl

Möbel fürs Kinderzimmer sollten nicht nur schön aussehen – sie müssen auch robust sein. Der hier vorgestellte Kinderstuhl ist so stabil, dass ihn so leicht nichts aus dem Gleichgewicht bringt

Die Verwendung von MDF-Platte hat zwei Vorteile: Sie ist zum Ersten besonders stabil und zum Zweiten sehr preiswert. Am besten lassen Sie sich die Platten direkt auf die passenden Maße zusägen. Wenn Sie die Werkstücke selbst zuschneiden, brauchen Sie neben der Handkreissäge oder Stichsäge unbedingt noch eine Führungsschiene. So erhalten Sie exakt gerade Kanten.

Um die Löcher in der Rückenlehne auszusägen, benötigen Sie eine Lochsäge. Verwenden Sie Einsätze mit 100, 60 und 40 mm Durchmesser. Die Bögen an Rückenlehne und Frontplatte schneiden Sie mit der Stichsäge aus. Um gleichmäßige Bohrlöcher für die Dübel herzustellen, können Sie alternativ einen Bohrständer oder einen Tiefenanschlag verwenden. Die Löcher sollten alle genau 15 mm tief wer-

Arbeitsschritte

1 Mit der Handkreissäge lassen sich die geraden Schnitte am besten ausführen. Alternativ können Sie jedoch auch eine elektrische Stichsäge verwenden

2 Die drei unterschiedlich großen Löcher in der Rückenlehne fertigen Sie mithilfe einer Lochsäge und verschiedenen Einsätzen an

3 Besonders behutsam müssen Sie arbeiten, wenn Sie die gerundeten Ausschnitte in Rückenlehne und Frontplatte herstellen. Verwenden Sie hierzu die Stichsäge

Im nächsten Schritt bohren Sie die Dübellöcher. Um gleichmäßige Löcher zu erhalten, verwenden Sie den Tiefenanschlag Ihres Bohrers

Mit einer Schleifwalze, die Sie in die Bohrmaschine einspannen, lassen sich die hergestellten Rundungen besonders gut glätten

Der abschließende Lackauftrag erfolgt in drei Schichten. Zuerst wird grundiert, dann trägt man den Vorlack und zum Schluss den Endlack auf

den. Mithilfe von Dübel-Fixen übertragen Sie dann die Lochpositionen auf das jeweilige Gegenstück. Sie benötigen pro Verbindung zwei Dübel. Jetzt müssen die Außenkanten geschliffen und gebrochen werden. Mithilfe einer Schleifwalze, die in die Bohrmaschine gespannt wird, glätten Sie die Rundungen.

Bevor die Einzelteile zusammengebaut werden, erhalten Sie noch einen dreischichtigen Lackauftrag. Zuerst tragen Sie eine Grundierung auf. Die Schnittkanten sollten Sie mehrfach grundieren, da die Oberfläche hier stark saugt. Im nächsten Schritt bringen Sie den Vorlack auf. Dann erfolgt ein Zwischenschliff. Zum Schluss wird der farbige Endlack aufgetragen. Sind alle Bauteile gut getrocknet, können Sie mithilfe der Dübel zusammengesetzt und verleimt werden.

Materialliste

Anzahl	Bezeichnung	Maße in mm	Material
1	Rückenlehne	600 x 220	MDF,
1	Frontplatte	230 x 220	19 mm
1	Sitzplatte	220 x 210	
1	Verbindungssteg	170 x 50	

dazu: Holzdübel Ø 10 x 30 mm; Holzleim

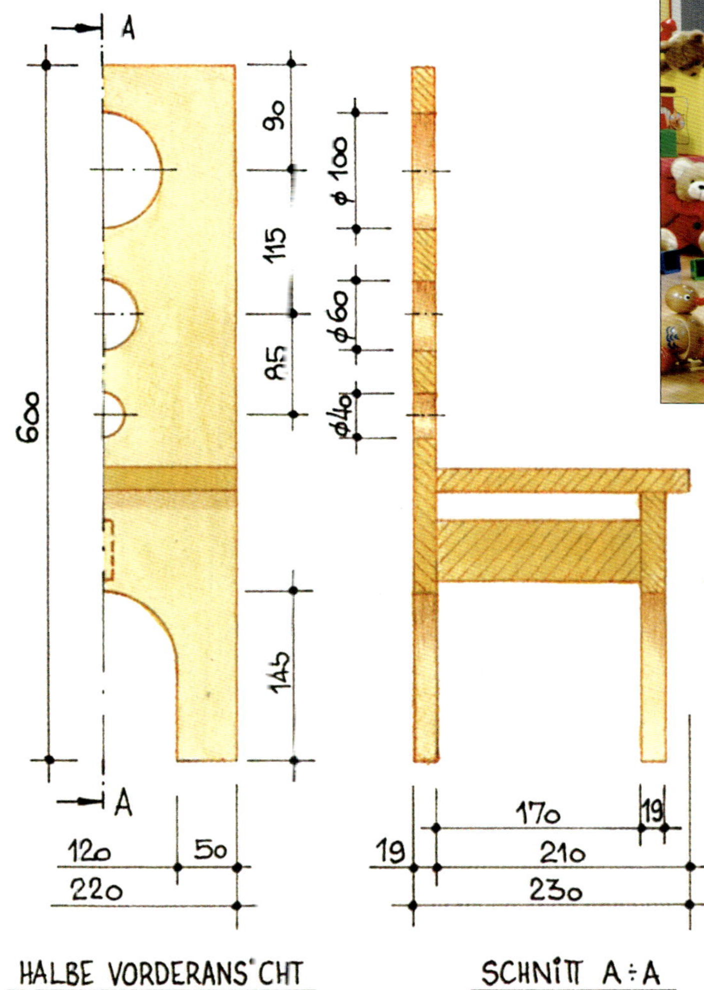
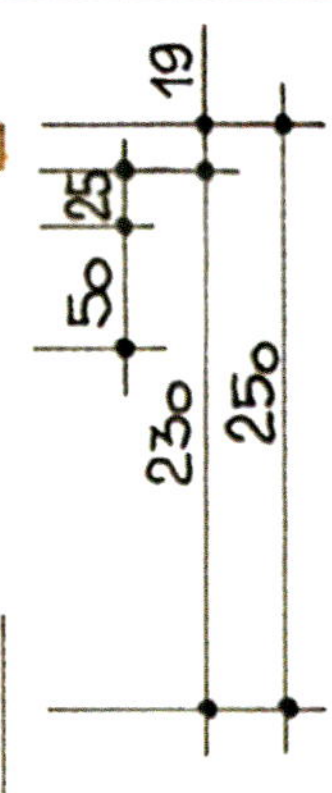

Ausritt mit dem Schaukel-Dino

In der Natur sind sie schon seit Jahrmillionen ausgestorben, doch die Fantasie der Menschen hat die Saurier der Urzeit zu neuem Leben erweckt. Ein besonders freundliches Exemplar seiner Gattung ist unser Dino, der lustige Schaukel-Saurier

Wer sich an diesen Bauvorschlag wagt, wird damit für eine Attraktion im Kinderzimmer sorgen. Für Kinder, die noch nichtt richtig schaukeln können, lassen sich die Kufen abschrauben und durch Räder ersetzen. Dann steht der Dino beim Spielen fest auf seinen stämmigen Beinen und kann an der Schnur durchs Kinderzimmer gezogen werden.

Alle Korpusteile, Kufen und Räder, aus denen der Schaukel-Dino zusammengesetzt wird, bestehen aus Fichten- oder Kiefernleimholz. Wie Sie auf der Schnittzeichnung auf Seite 88 erkennen, werden für den Rumpf fünf und für die Beine drei Schichten der Holzplatten aufeinandergeleimt. Die Kufen fügen sich aus zwei Lagen zusammen. Die Materialliste auf Seite 87 führt alle benötigten Holz- und Zubehörteile auf. Die Positionsziffern entsprechen denen der Zeichnungen.

Um die geschweiften Teile herzustellen, bedient man sich der Rasterzeichnung. Ein Kästchen misst in Originalgröße 100 x 100 mm. Am besten reißen Sie das Raster

Arbeitsschritte

1 **Die mithilfe von Sperrholzschablonen angerissenen Teile für Korpus, Beine und Kufen werden mit der Stichsäge ausgeschnitten**

2 **Sind die Holzlagen der Teile miteinander verleimt, bestückt man die Oberfräse mit einem Viertelstabfräser, um die Kanten zu runden**

auf entsprechend großen Sperrholzplatten an, um dann die Konturen der Teile nachzuzeichnen und schließlich für Rumpf, Beine und Kufen mit der Stichsäge Schablonen herauszuschneiden.

Benutzen Sie ein extrafeines Kurvensägeblatt, und schalten Sie die Pendelhubeinrichtung der Stichsäge ab. So wird der Schnitt besonders sauber. Anschließend die Sägekanten der Schablonen mit Schleifklotz und Schleifpapier glätten, weil sich jede Unebenheit auf die Werkstücke übertragen würde.

Nun geht es ans Anreißen der Teile auf dem Leimholz. Obwohl für die fünf großen Korpusteile in der Materialliste ein Rohmaß von 900 x 620 mm angegeben ist, können Sie mit 600 mm breiten Leimholzplatten arbeiten, wenn Sie die Schablone ein wenig schräg anlegen. Grundsätzlich wird man sich bemühen, den Verschnitt so gering wie möglich zu halten. Achten Sie beim Anreißen der Teile darauf, dass die Maserung der später aufeinander liegenden Teile in gleicher Richtung verläuft. Ansonsten kann es beim Nachtrocknen des Holzes zu Rissen kommen.

Beim Ausschneiden der angerissenen Teile kommt wieder die Stichsäge zum Einsatz. Sind dann alle Teile vorbereitet, können sie miteinander verleimt werden. Dazu die einzelnen Lagen mit Holzleim bestreichen, aufeinander legen und durch feine Senkkopfnägel miteinander verbinden. Anschließend setzt man rundum Schraubzwingen an und presst die Teile zusammen. Die Nägel verhindern, dass sich die einzelnen Lagen dabei gegeneinander verschieben. Unbedingt Zulagen verwenden, damit die Zwingen keine Druckstellen im Holz verursachen.

Der Exzenterschleifer glättet die Oberfläche. Fehlstellen im Material und eventuell ausgerissene Kanten werden zuvor sorgfältig gespachtelt

Für eine sichere Verbindung der Holzteile sorgen Leim und Holzdübel. Für gleichmäßige Bohrungen den Tiefenanschlag verwenden

Soll der Dino nur als Schaukeltier benutzt werden, können Sie die Kufen fest auf die Beine leimen und zusätzlich von unten verschrauben

Die Räder für das Fahrgestell des Sauriers lassen sich mit einer Lochsäge präzise ausschneiden. Dabei stets ein Stück Abfallholz unterlegen

Materialliste

Position	Anzahl	Bezeichnung	Maße in mm	Material
①	5	Korpusteile	900 x 620*)	Fichtenleimholz,
②	6	Hinterbeine	290 x 195*)	18 mm
③	6	Vorderbeine	265 x 155*)	
④	4	Kufen	1080 x 250*)	
⑤	2	Böden	198 x 110	
⑥	4	Achslager	110 x 35	
⑦	4	Räder	Ø 90 mm	
⑧	2	Stützbretter	198 x 110**)	
⑨	1	Sitzplatte	200 x 160	
⑩	2	Achsen	240 lang	Buche, Ø 10 mm
⑪	1	Griffstange	290 lang	Buche, Ø 20 mm
⑫	2	Fußstützen	150 lang	

8 Sechskant-Schrauben M8 x 35 mit Scheiben; 8 Einschraubmuttern M8, DIN 7965; 4 Scheiben für M10; Holzdübel Ø 8 x 40 mm oder Dübelstange Ø 8 mm; Holzleim

*) = Rohmaße (siehe Rasterzeichnung);

**) = die Lage der vier Durchgangsbohrungen entspricht denen in Teil 5; die vier Dübellöcher entfallen, dafür sitzen in jeder Stirnseite je drei Bohrungen

Um zu verhindern, dass kleine Geschwister durch die Kufen des Schaukel-Dinos verletzt werden, können Sie die Fahrgestelle montieren

Nachdem der Leim angebunden hat, werden die Bohrungen für Fußstützen und Griffstangen hergestellt und dann die Kanten der Teile ringsum mithilfe der Oberfräse und eines Viertelstabfräsers mit Anlaufring gerundet. Anschließend glättet man sorgfältig alle Unebenheiten mit dem Schwingschleifer oder dem Exzenterschleifer. Nun können Sie Korpus und Beine miteinander verbinden. Vorne drei und hinten vier eingebohrte 8-mm-Holzdübel stabilisieren jeweils die Verleimung. Auch die Sitzplatte wird mit Leim und Holzdübeln auf dem Korpus befestigt. Bohren Sie hier die Dübellöcher, und leimen Sie die Dübel zunächst nur in die Sitzplatte ein. Erst nach dem Lackieren wird die Sitzplatte endgültig mit dem Korpus verbunden.

Jetzt kann unser Dino zum ersten Mal auf seinen eigenen Beinen stehen. Für einen Proberitt werden auch die Fußstützen und

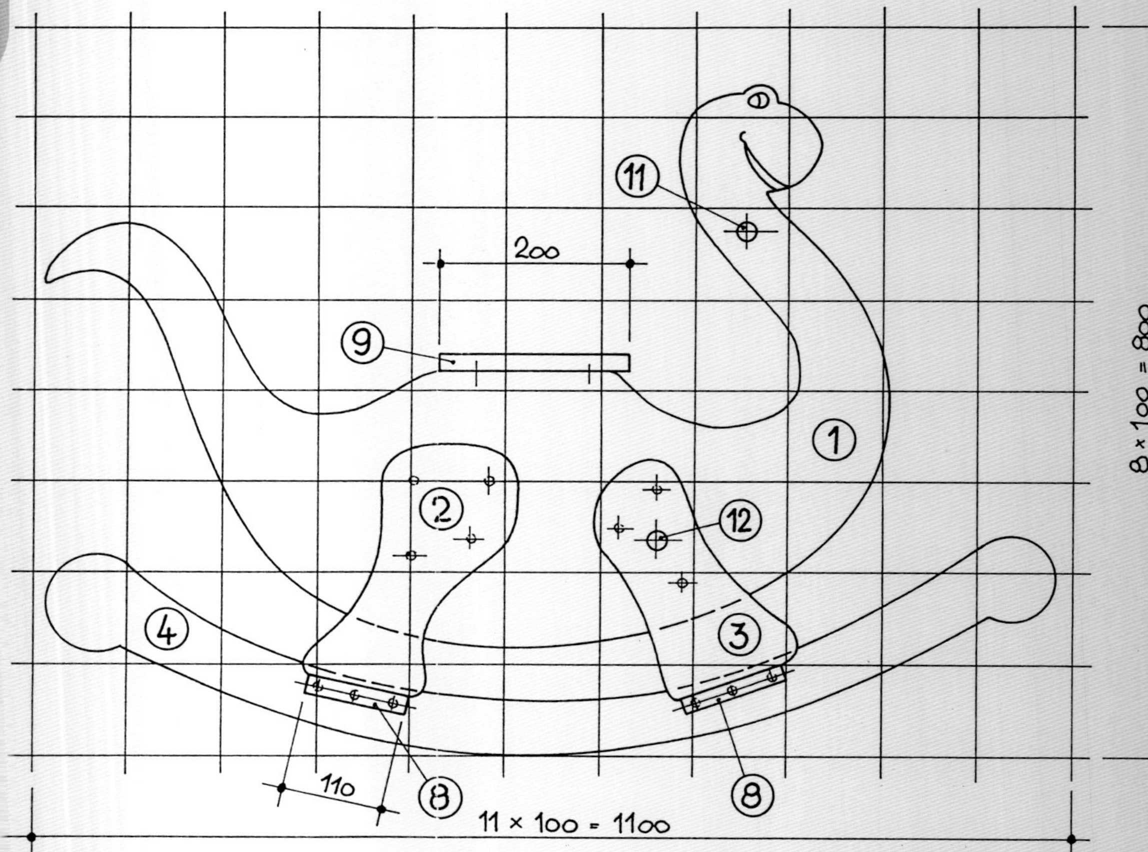
200
9
11
1
2
12
3
4
8
110
8
11 × 100 = 1100
8 × 100 = 800

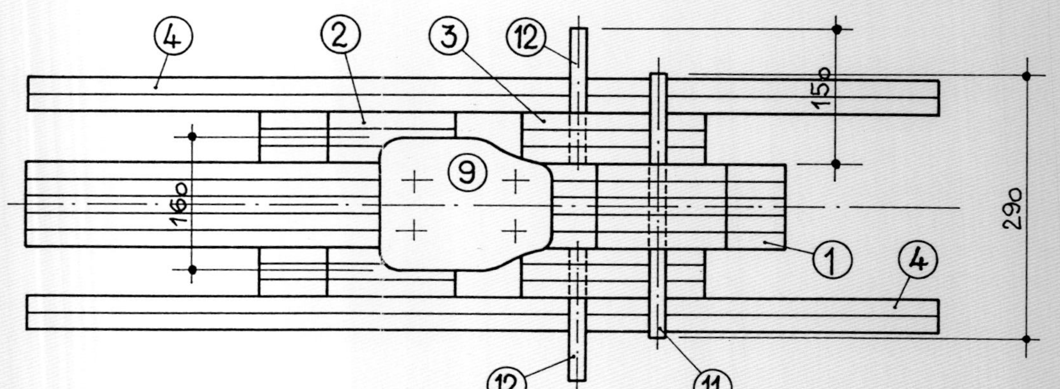
4
2
3
12
150
160
9
290
1
4
12
11

die Griffstangen eingeleimt. Fehlen noch die Kufen und die auf Wunsch alternativ zu befestigenden Räder.

Um die beiden Stützbretter sicher mit den Kufen zu verbinden, werden jeweils drei Holzdübel in die Stirnseite gesetzt und die Teile dann miteinander verleimt. Soll der Dino nur zum Schaukeln eingesetzt werden, können Sie die Beine auf die Stützbretter leimen und zusätzlich von unten verschrauben. Zuvor sollten die Teile allerdings fertig lackiert sein.

Um wahlweise statt der Kufen auch die Räder unter den lustigen Saurier schrauben zu können, empfiehlt es sich in die Unterseiten der Füße je zwei Einschraubmuttern M8 zu setzen, in die man dann zur wahlweisen Montage von Kufen und Fahrgestell entsprechende Maschinenschrauben dreht.

Die beiden Fahrgestellteile für unseren Dino sind leicht hergestellt. Man sägt die Radscheiben mit der Stichsäge aus oder benutzt eine 90-mm-Lochsäge. Die beiden Böden haben mit 198 x 110 mm Größe die gleichen Maße wie die Stützbretter der Kufen. Seitlich werden Achslager mit Leim und Holzdübeln befestigt. Durch die vorbereiteten Bohrungen stecken Sie zuletzt die Achsen, schieben als Distanzhalter M10-Unterlegscheiben auf und verleimen Achse und Radscheiben. Am vorderen Fahrgestell wird eine Schrauböse für die Schnur eingedreht.

Zum Lackieren empfiehlt sich umweltfreundliche Acrylfarbe. Das Holz zuerst spachteln, dann weiß vorstreichen und anschließend grün grundieren. Zuletzt Bauch, Maul und Augen aufmalen.

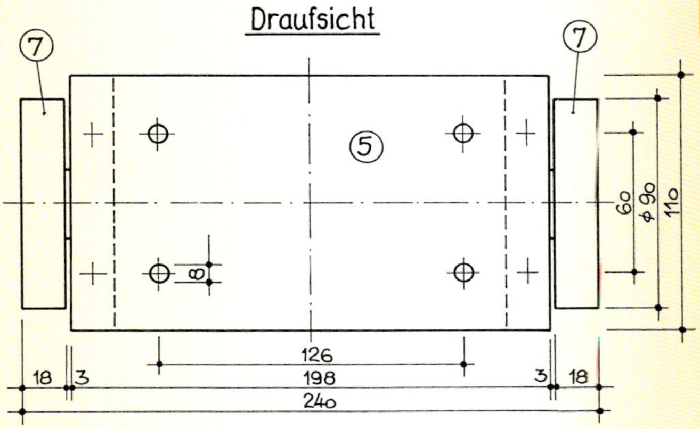

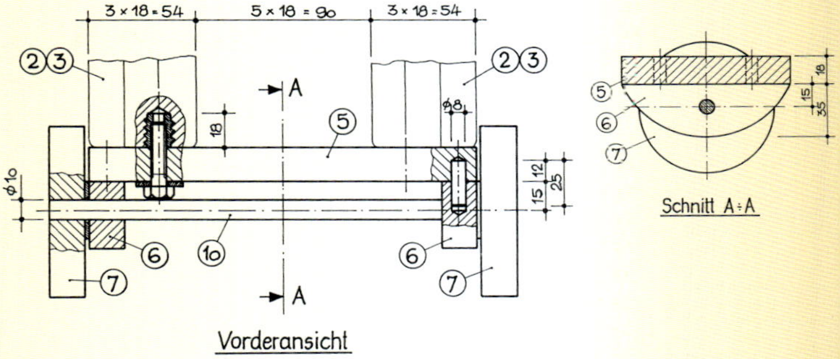

Fädelspiel für geschickte Hände

Das Fädelspiel gibt es in vielen Variationen schon seit den Kindertagen unserer Großeltern. Dennoch hat es für kleine Hände nichts von seinem Reiz verloren. Es regt die Fantasie an und trainiert die Fingerfertigkeit

Das Material für dieses pfiffige kleine Spielzeug kostet nicht viel. Und die Arbeitszeit beträgt nicht mehr als eine Stunde. Ein Reststück 20 mm dickes Multiplex-Sperrholz aus Birke oder Buche eignet sich besonders gut. Wie Sie die Umrisse der Fädelspielplatte gestalten, ist Ihrer eigenen Fantasie überlassen, allerdings sollte der Durchmesser ungefähr bei 200–250 mm liegen.

Wichtig ist, dass sich Kinder an dem Spielzeug nicht verletzen können. Aus diesem Grund müssen die mit der Stichsäge hergestellten Schnittkanten anschließend gut abgerundet und mit Schleifpapier gebrochen werden. Sind alle Löcher gebohrt, wird die Fädelschnur zusammengesetzt. Sie besteht aus einem Kiefernholz-Rundstab als Fädelhilfe, einer Kordel und einer Holzkugel. Klarlack auftragen – fertig!

Arbeitsschritte

1 Mit der Stichsäge wird aus einem 20 mm dicken Stück Multiplex-Sperrholz ein fantasievoll gerundeter Rohling herausgeschnitten. Verwenden Sie ein kurvengängiges Sägeblatt

2 Mit einem in die Bohrmaschine eingespannten Schleifzylinder werden die Sägekanten geglättet. Anschließend die Kanten mit Schleifpapier leicht brechen

3 Dann bohren Sie 24 Löcher mit je 10 mm Durchmesser in das Holz. Verwenden Sie am besten den Bohrständer. Das mittlere, 30 mm breite Loch stellen Sie mit dem Forstnerbohrer her

Der Einfädelstab ist 100 mm lang und hat einen Durchmesser von 8 mm. Er wird mit Schleifpapier gerundet (4). Die Kugel für das Kordelende versieht man mit einem Bohrloch (5)

Die Kordel wird in die Kugel eingeführt und mit Express-Leim fixiert (6). Zum Schluss werden alle Holzteile klar lackiert

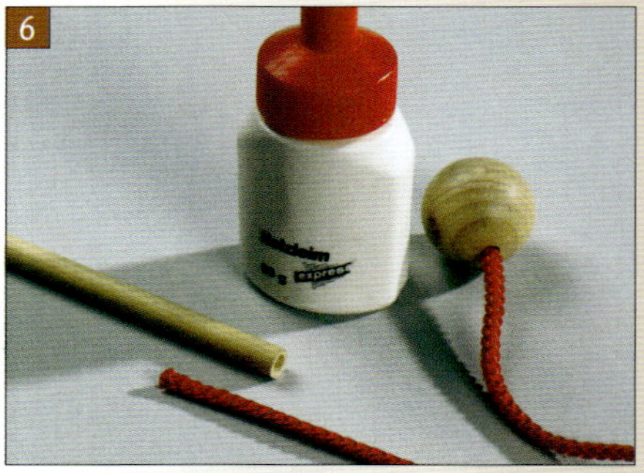

Hier kommt keine Langeweile auf. Der Faden kann in immer wieder neuen Variationen durch die Löcher der Platte geführt werden

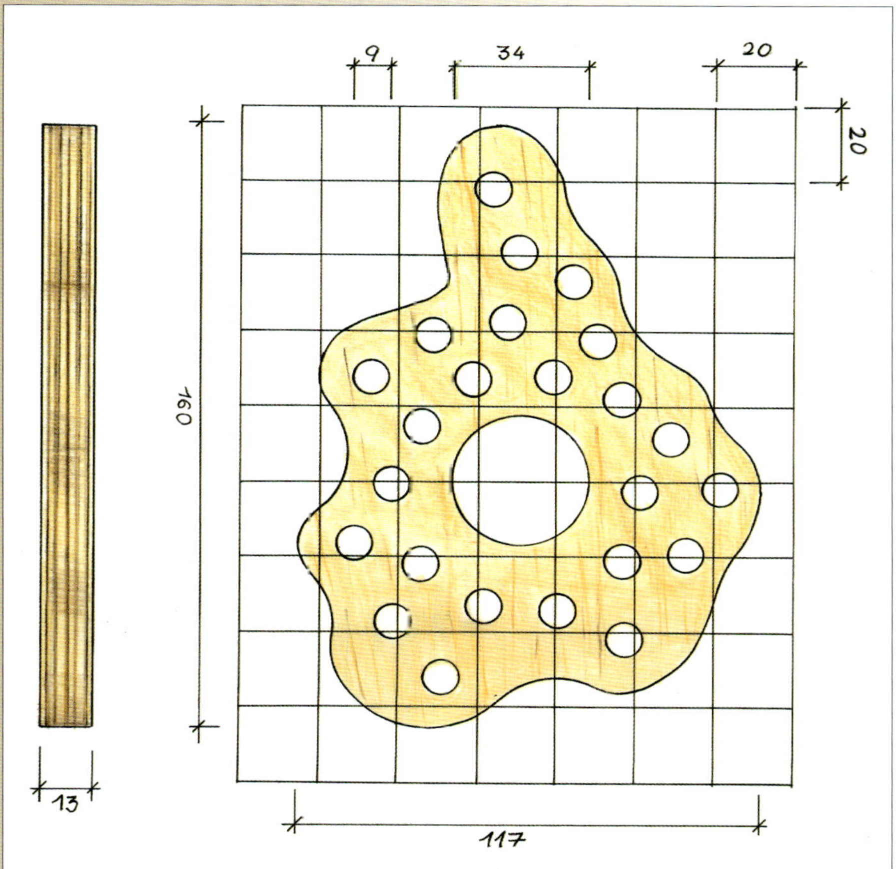

Die Rasterzeichnung zeigt die Umrisse der Fädelspielplatte. Sie können die Form jedoch auch nach Wunsch variieren

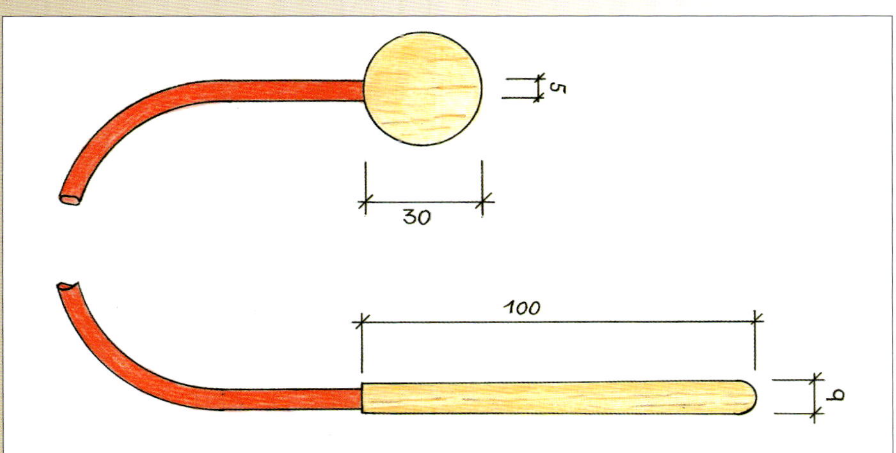

Emil-Hoffmann-Str. 1
D-50996 Köln
Gesamtherstellung: Naumann & Göbel Verlagsgesellschaft mbH
Layout: Wolfgang Rattay, Köln

ISBN 978-3-625-11307-2

www.naumann-goebel.de